KB271011

한 외교관이 초대하는 베르디 명작 오페라 세계로의 여행

손에 잡히는 아리아 : 베르디 엣센짜

L'Essenza dell'opera di Giuseppe Verdi

박상훈 지음

Pro captu lectoris, habent sua fata libelli!

독자들에 따라, 책들은 저마다의 운명을 가지고 있다!

책 머리에

이 책은 이탈리아 낭만주의 오페라의 거장 주셉페 베르디(1813-1901)의 대표작들을 우리 오페라 애호가들에게 좀 더 정확하게 소개하고자 하는 바람에서 비롯되었습니다.

제가 2025년 초 국립오페라단이 진행하는 '평론가가 사랑하는 오페라' 시리즈에 강사로 초청받아 베르디의 〈가면무도회〉에 대한 강의를 한 적이 있습니다. 당시 참석자들의 작품 감상을 돕기 위해 오페라에 나오는 주요 아리아 12곡을 제가 우리말로 번역해 제공했는데, 아리아 가사 내용을 정확히 알고 곡을 들으니 작품 전체에 대한 이해의 차원이 달랐다는 소감을 듣고, 베르디의 다른 명작들에 대해서도 정확한 우리말 번역을 소개하면 애호가들의 작품 이해와 감상에 도움이 될 것 같다는 생각이 들어 이 책을 쓰게 되었습니다.

베르디는 스스로 '감옥 같은 시기anni di galera'라 불렀던 어려운 시절을 극복하고 1851년 발표한 〈리골렛토〉를 시작으로 20년 넘게 눈부신 전성기를 이어가는데, 이 책에서는 〈리골렛토〉를 포함해, 저 개인적으로 베르디의 8대 걸작으로 꼽는 〈일 트로바토레〉(1853), 〈라 트라비아타〉(1853), 〈가면무도회〉(1859), 〈운명의 힘〉(1862), 〈돈 카를로〉(1867), 〈아이다〉(1871), 〈오텔로〉(1887)에 나오는 주요 아리아 원어와 우리말 번역을 작품 진행 순으로 소개했습니다.

작품별로 중요한 아리아는 거의 망라했기 때문에, 이 책에 소개된 아리아들을 차례로 감상하시면, 작품 전체를 깊이 있게 즐기고 이해하시는 데 도움이 되리라 생각합니다. 이탈리아어 리브렛토를 보아가며 책을 썼기 때문에, 작품 내용 해석 또는 아리아 가사 번역상의 오류가 있다면 전적으로 저자인 저의 책임임을 밝혀 둡니다.

졸저 출간 요청을 재차 흔쾌히 수락해 주신 문학여행 고민정 대표님께 심심한 감사를 드리며, 이 졸저가 독자 여러분의 베르디 명작 오페라 여행에 작은 도움이 된다면 저자인 저에겐 큰 기쁨이자 보람이 될 것입니다.

2025년 여름

서울에서 박상훈

주셉페 베르디에 대해

주셉페 베르디Giuseppe Verdi는 1813년 이탈리아 북부 론콜레에서 태어나 1901년 87세를 일기로 타계할 때까지 총 26편의 오페라를 우리에게 남겼습니다. 그는 19세기 이탈리아 오페라의 상징적 존재이자, 400년 넘는 오페라 역사를 통틀어 가장 두드러진 족적을 남겼다고 해도 과언이 아닌, 오페라의 대표 거장입니다.

그는 아버지의 친구인 안토니오 바렛치의 후원 아래 음악을 공부했고, 1836년 23살의 나이에 안토니오의 딸 마르게리타와 결혼한 후 1837년 딸 비르지니아, 1838년 아들 이칠리오를 각각 얻으며 행복한 가정생활을 꿈꾸었습니다.

그는 라 스칼라 극장으로부터 오페라 작곡을 요청받고 처녀작인 〈산 보니파치오의 백작, 오베르토〉 작곡에 들어갔습니다. 그러나 작업 중이던 1838년 6월 갓 돌이 지난 딸 비르지니아를, 이듬해인 1839년 2월에는 아직 돌도 채 되지 않은 아들 이칠리오를 연달아 병으로 잃고 커다란 충격과 슬픔에 빠졌습니다.

그러나, 그가 나중에 감옥 같았다고 술회한 갈레라 시기anni di galera의 고통 속에서도 그는 첫 작품 작곡을 마쳤고, 1839년 11월 밀라노에서 이 작품을 무대에 올리며 신예 작곡가의 등장을 세상에 알렸습니다. 작품에 만족한 극장은 3편의 추가 작품 작곡을 요청했고, 악보 전문 출판사인 리코르디는 작품 출판을 제안했습니다.

하지만, 그의 개인적 비극은 아직 끝난 것이 아니었습니다. 첫 작품을 발표하고 7개월 정도 후인 1840년 6월 아내 마르게리타까지 병으로 세상을 떠나면서 베르디는 형언할 수 없는 슬픔과 고통을 겪었습니다. 불과 2년 사이에 가족 3명을 모두 잃는 비극적 상황 속에서, 그는 극장 측과의 계약에 따라 1840년 9월 두 번째 오페라 〈하루 동안의 임금님〉을 작곡해 무대에 올렸지만 무참히 실패했고, 이에 자신감을 잃고 한때 오페라 작곡을 그만둘 생각까지 하게 됩니다.

그러나 주위의 격려로 다시 작곡 활동에 전념해 1842년 3월 세 번째 작품인 〈나부코〉를 발표했는데, 이 작품이 대성공을 거두면서 베르디의 오페라 인생은 새롭게 시작됩니다. 이후 〈롬바르디아인〉, 〈에르나니〉, 〈포스카리가의 두 사람〉, 〈조반나 다르코〉, 〈알지라〉, 〈아틸라〉, 〈맥베스〉, 〈도둑들〉, 〈해적〉, 〈레냐노 전투〉, 〈루이사 밀러〉, 〈스티펠리오〉를 연달아 발표하며 주목받는 작곡가로서의 위상을 다져 나갔습니다.

그리고 1851년 16번째 작품인 〈리골렛토〉를 시작으로 그는 빛나는 전성기를 열어가게 됩니다. 〈리골렛토〉의 성공 이후, 〈일 트로바토레〉(1853), 〈라 트라비아타〉(1853), 〈시칠리아인의 저녁기도〉(1855), 〈시몬 보까네그라〉(1857), 〈가면무도회〉(1859), 〈운명의 힘〉(1862), 〈돈 카를로〉(1867), 〈아이다〉(1871)에 이르기까지 연달아 명작을 발표하며 오페라 작곡가로서 독보적 위치를 굳혔고, 긴 휴식 이후 말년에 〈오텔로〉(1887)와 〈팔스타프〉(1893)를 선보이며 세계 오페라사에 지워지지 않을 발자취를 남겼습니다.

베르디는 기존 벨칸토 오페라의 전통을 계승하면서도, 성악적 아름다움에 음악적 선율미와 드라마적 구성력을 조화롭게 일체화시켜 새로운 이탈리아 오페라의 전형을 완성한 것으로 평가받고 있으며, 등장인물들의 개성과 심리를 강렬하고도 효과적으로 잘 묘사해 작품 전개에 대한 이해를 높이는 특징을 보여주었습니다.

그의 초기 작품들은 당시 이탈리아가 오스트리아의 지배하에 있었기 때문에 이탈리아 국민들의 민족의식을 고무하는 내용이 많았고, 이후 사회적 이슈와 인간의 고뇌에 이르기까지 현실적 주제를 아름다운 음악으로 풀어냈습니다. 그는 자신의 가족사 때문인지 아버지의 역할을 상당히 강조했으며, 다른 작곡가들에 비해 특히 바리톤에 비중 있는 역할을 많이 부여했고, 아울러 합창을 매우 중시한 점은 특기할 만합니다.

베르디는 모두가 공감할 수 있는 음악과 스토리를 통해 오페라의 대중화에 크게 기여했으며, 오페라 작곡가를 단순한 음악 창작자가 아닌, 음악을 통해 감동적 스토리를 전달하는 스토리텔러로 자리매김하도록 하는 데 큰 영향을 미쳤습니다.

1859년 재혼한 부인 주세피나 스트렙포니가 1897년 병으로 세상을 떠난 후 유산을 물려줄 가족이 없던 베르디는 밀라노에 '음악가들을 위한 휴식의 집Casa di Riposo per Musicisti'을 세웠습니다. 베르디는 1901년 1월 밀라노에서 뇌일혈로 타계했고, 그의 유언에 따라 검소한 장례 의식을 거친 그의 유해는 이 휴식의 집으로 옮겨져 영원한 휴식을 취하고 있습니다.

베르디 생가

베르디 생가 앞 동상

차례

01
—

리골렛토
Rigoletto

L'Essenza dell'opera di Giuseppe Verdi

<h1 align="center">개요</h1>

이 작품은 베르디가 '우리 시대의 가장 위대한 이야기이자 아름다운 희곡'이라고 평했던 빅토르 위고Victor Hugo(1802-1885)의 작품 〈환락의 왕Le Roi s'amuse(1832)〉을 바탕으로, 베르디가 단짝 대본작가인 프란체스코 피아베Francesco Piave와 호흡을 맞추어 만든 그의 16번째 오페라입니다.

빅토르 위고의 작품은 16세기 프랑스 왕이었던 프랑수아 1세와 그의 궁정 광대였던 트리불레Triboulet(1479-1536)를 주인공으로 삼아 권력자의 부도덕성과 만행을 고발한 작품인데, 베르디는 이 작품에 흠뻑 매료되어 꼭 오페라로 만들기로 마음먹고 피아베에게 대본을 부탁했다고 합니다.

베르디는 스스로 감옥 같은 시기라 불렀던 '갈레라 시기anni di galera'에 작곡한 에르나니, 포스카리가의 두 사람, 맥베스, 해적 등에서 이미 피아베와 호흡을 맞추었고, 이 리골렛토를 비롯해, 이후 라 트라비아타, 시몬 보까네그라, 운명의 힘에서도 그와 함께 작업을 진행합니다.

베르디가 이 작품을 작곡할 당시, 이탈리아는 오스트리아의 지배를 받고 있었는데, 당시 오스트리아와 프랑스가 정치적으로 매우 가까운 관계여서 프랑스 왕의 부도덕성을 고발하는 작품이 오스트리아 당국의 검열을 통과하기는 무척 어려운 상황이었다고 합니다. 검열의 어려움을 예견한 베르디와 피아베는 작품의 배경을 프랑스에서 이탈리아의 만토바 공국으로 변경했는데, 다행히 별문제 없이 공연 허가가 나서 1851년 3월 베네치아에서 초연되었습니다.

이 작품은 마치 베르디가 벨칸토 오페라의 계승자임을 보여주기라도 하듯 선율미 가득한 아름다운 곡들이 많고, 20대 중반의 젊은 나이에 갓 돌을 지난 어린 딸을 병으로 잃은 베르디가 딸에 대해 가진 애틋한 부정을 가늠해볼 수도 있는 수작입니다.

베르디는 처음에 이 오페라의 제목을 '저주La Maledizione'라고 붙였는데, 이탈리아 정부에서 국민들에게 부정적 영향을 미친다며 수정을 요구해 결국 주인공의 이름을 따서 리골렛토로 정했다고 합니다.

주요 등장인물

리골렛토(궁정 광대, 바리톤)
질다(리골렛토의 딸, 소프라노)
공작(만토바 공국의 공작, 테너)
스파라푸칠레(청부살인업자, 베이스)
맛달레나(스파라푸칠레의 누이, 메조소프라노)
몬테로네(백작), 체프라노(백작), 마룰로, 보르사

시놉시스와 주요 아리아

제1막

만토바 공국 공작의 저택에서 파티가 열리고 있습니다. 파티에 참석한 사람들을 보고 있던 공작이 보르사에게 오늘 온 여인들 가운데서는 체프라노 백작의 부인이 가장 예쁜 것 같다고 하자, 보르사는 체프라노 백작이 그 말을 듣고 소문이라도 내면 안되니 말을 조심하라고 합니다. 공작은 그런 게 문제가 되느냐면서, 자신에게 여자는 모두 똑같다며 박력 있게 이 아리아를 부릅니다.

공작 : 이 여자든 저 여자든(Questa o quella)

Questa o quella per me pari sono a quant'altre d'intorno, d'intorno mi vedo,
이 여자든 저 여자든 내 주위 여자들은 내겐 다 똑같아.

del mio core l'impero non cedo meglio ad una che ad altra beltà.
난 어떤 한 여자에게 다른 여자보다 더 마음을 주지 않지.

La costoro avvenenza è qual dono di che il fato ne infiora la vita,
여자들의 매력이란 운명이 우리 삶을 꽃피우기 위해 주는 선물이야.

s'oggi questa mi torna gradita,
오늘 이 여자가 날 기쁘게 하면,

forse un'altra, forse un'altra doman lo sarà,
아마 내일은 다른 여자가, 다른 여자가 또 그렇게 하겠지.

un'altra, forse un'altra doman lo sarà.
아마 내일은 다른 여자가 그렇게 할 거야.

La costanza, tiranna del core, detestiamo qual morbo, qual morbo crudele;
난 마음의 폭군이라 할 절개는 너무 싫어.

sol chi vuole si serbe fidele,
그런 건 지키고 싶은 사람만 지키면 되는 거야.

non v'ha amor, se non v'e libertà.
자유가 없으면, 사랑도 없는 거야.

De' mariti il geloso furore, degli amanti le smanie derido,
남편들의 질투 어린 분노나 애인들의 갈망은 어리석은 거야.

anco d'Argo i cent'occhi disfido
난 아르고스*의 100개의 눈도 두렵지 않아.

se mi punge una qualche beltà.
아름다운 여자가 나를 자극한다면 말이야.

se mi punge una qualche beltà.
아름다운 여자가 나를 자극하기만 한다면 말이야.

　공작은 기어이 체프라노 백작부인을 유혹해 데리고 나갑니다. 백작부인과 재미를 보고 온 공작은 그녀를 마음에 들어 하는데, 리골렛토는 그럼 그녀를 취하고 남편인 체프라노 백작은 감옥에 보내거나 멀리 귀양을 보내버리거나 아니면 아예 죽여버리라고 말합니다. 이 말을 들은 체프라노 백작은 분노하면서 리골렛토에 대한 복수를 다짐합니다.

　이어 공작에게 딸이 능욕을 당한 몬테로네 백작이 나타나 공작에게 따지고 들자, 리골렛토는 오히려 그를 놀리며 조롱합니다. 몬테로네 백작은 리골렛토에게 아비의 고통을 비웃는 자는 저주를 받으

* **아르고스** | 그리스 신화에 나오는 눈이 100개 달린 거인

라며 리골렛토에게 독설을 퍼붓습니다.

리골렛토가 일을 마치고 집으로 돌아가는 길에 한 남자가 나타납니다. 그는 자신을 스파라푸칠레라는 이름의 자객이라고 소개하고, 성가신 사람이 있으면 조용히 없애주는 일을 하니 필요하면 자신을 찾으라고 합니다.

사라지는 스파라푸칠레의 모습을 보며, 리골렛토는 자신은 말로, 그는 칼로 다른 사람을 죽이니, 둘은 같은 부류의 사람이라며 비감하게 이 아리아를 부릅니다.

리골렛토 : 우리는 같은 부류의 인간이구나(Pari siamo)

Pari siamo!
우리는 같은 부류의 인간이구나!

io la lingua, egli ha il pugnale.
나는 혀로, 그는 칼로.

L'uomo son io che ride, ei quel che spegne!
나는 웃기고, 그는 끝내버리는 사람!

Quel vecchio maledivami.
그 늙은이(몬테로네)가 나를 저주했지.

O uomini!··· o natura!···
사람들도!··· 자연도!

Vil scellerato mi faceste voi!
나를 악당으로 만드는구나!

Oh rabbia!… esser difforme…
오 화가 나네! … 난 불구에…

Oh rabbia!… esser buffone.
화가 나! … 난 광대잖아.

Non dover, non poter altro che ridere.
난 웃기는 것밖에 할 수 있는 게 없는데.

Il retaggio d'ogni uom m'e tolto il pianto.
사람들은 내게서 눈물까지 빼앗아 갔어.

Questo padrone mio, giovin, giocondo, si possente, bello,
sonnecchiando mi dice:
젊고, 장난기 많고, 힘 있고, 잘생긴 내 주인은 가끔 내게 말하지.

Fa ch'io rida, buffone…
"날 좀 웃겨봐, 이 광대야"라고…

Forzarmi deggio, e farlo!
그는 내게 그렇게 하라고 강요하지!

Oh, dannazione!
오, 천벌을 받아라!

Odio a voi, cortigiani schernitori!
날 놀리는 신하 작자들은 정말 싫어!

quanta in mordervi ho gioia!
그 사람들을 물어뜯는 게 얼마나 기쁜지!

Se iniquo son, per cagion vostra e solo⋯
내가 죄를 저지른다면 난 그 사람들에게만 그래⋯

ma in altr'uom qui mi cangio.
다른 사람들에게는 안 하지.

Quel vecchio maledivami!
그 늙은이(몬테로네)가 나를 저주했지!

tal pensiero perché conturba ognor la mente mia.
그런 생각이 왜 자꾸 내 머리를 어지럽히는 거야.

Mi cogliera sventura?
내게 불행이 닥칠까?

Ah, no, è follia.
아, 아니야, 그건 어리석은 생각이야.

　집에 돌아온 리골렛토는 금지옥엽 질다를 보자 위로를 받습니다. 리골렛토는 질다에게 절대 밖에는 나가지 말라고 신신당부하고, 하녀인 죠반나에게도 그녀를 잘 보호하라고 말합니다.

이때 밖에서 무슨 소리가 나자 리골렛토가 집 밖으로 나가는데, 이 사이 공작이 리골렛토의 집 정원으로 몰래 숨어들어와 나무 뒤로 숨습니다. 그리고는 죠반나에게 자신의 지갑을 던져주며 조용히 하라는 시늉을 합니다.

다시 집으로 돌아온 리골렛토는 질다에게 잘 자라고 하고 자리를 뜨는데, 이 모습을 지켜본 공작은 자신의 궁정 광대인 리골렛토가 자신이 마음에 두고 있는 어린 소녀의 아버지라는 사실에 놀랍니다.

죠반나와 단둘이 남은 질다는 교회에서 만난 청년 이야기를 하면서 그가 지체 높은 사람이 아닌, 가난한 사람이면 좋겠다고 말합니다. 이 말을 들은 공작은 죠반나에게 자리를 피하라는 신호를 보내고는, 질다 앞에 나타나 무릎을 꿇고 사랑을 호소합니다.

깜짝 놀란 질다는 그가 교회에서 본 그 청년임을 알고 기뻐하면서 그의 이름을 묻는데, 공작은 자기 이름은 괄티에르 말데이고, 가난한 학생이라고 거짓말을 합니다. 공작이 떠난 후 혼자 남은 질다는 마음에 두었던 청년의 이름을 되새기며 이 명곡 아리아를 부릅니다.

질다 : 소중한 이름(Caro nome)

Gualtier Maldè!
괄티에르 말데!

nome di lui si amato,
그토록 사랑스런 그이의 이름,

ti scolpisci nel core innamorato!
사랑에 빠진 내 마음속에 새겨지네!

Caro nome che il mio cor festi primo palpitar,
처음으로 내 심장을 두근거리게 만든 소중한 이름,

le delizie dell'amor mi dei sempre rammentar!
사랑의 기쁨은 항상 날 일깨워주네!

Col pensiero il mio desir a te sempre volerà
생각할 때마다 내 마음은 늘 당신에게 날아가고,

e fin l'ultimo sospir, caro nome, tuo sarà.
내 마지막 숨소리도 당신의 것이 될 거예요.

Col pensiero il mio desir a te sempre volerà,
생각할 때마다 내 마음은 늘 당신에게 날아가고,

e fin l'ultimo sospir caro nome, tuo sarà.
내 마지막 숨소리도 당신의 것이 될 거예요.

Col pensiero il mio desir a te sempre volerà,
생각할 때마다 내 마음은 늘 당신에게 날아가고,

ah! ~~~~ a te a te a te volerà,
아! ~~~~ 그대에게 날아가고,

fin l'ultimo sospir, fin l'ultimo sospir,
내 마지막 숨소리, 내 마지막 숨소리는,

caro nome, tuo sarà, ah, caro nome, tuo sarà.
사랑스런 이름, 사랑스런 이름, 당신의 것이 될 거예요.

il mio desir a te ognora volerà
내 바람은 당신에게 날아가고,

fin l'ultimo sospir tuo sarà,
내 마지막 숨소리는 당신의 것이 될 거예요,

ah~~~~~~~! caro nome, tuo sarà.
아~~~~~~~! 사랑스런 이름, 당신의 것이 될 거예요.

Gualtier Maldè! Gualtier Maldè!
괄티에르 말데! 괄티에르 말데!

Caro nome che il mio cor festi primo palpitar,
내 심장이 처음 두근거리게 만든 소중한 이름,

e fin l'ultimo sospir caro nome, tuo sarà.
내 마지막 숨소리도 당신의 것이 될 거예요.

Gualtier Maldè! Gualtier Maldè! ~~~
괄티에르 말데! 괄티에르 말데! ~~~

그사이 리골렛토에게 원한을 품은 체프라노 백작이 마룰로, 보르사 등 일행과 함께 복면을 쓰고 리골렛토의 집으로 다가옵니다. 그들은 질다를 리골렛토의 애인으로 알고, 그녀를 납치해 공작에게 가

저다 바치기 위해 온 것입니다.

리골렛토와 갑자기 마주친 일행은 체프라노 백작부인을 납치하러 가는 길이라고 둘러대는데, 리골렛토도 함께 가겠다고 합니다. 그러자 일행은 리골렛토에게도 복면을 쓰라고 하고 눈과 귀를 가린 후, 그사이 질다를 납치하는 데 성공합니다. 질다가 납치된 것을 알게 된 후, 리골렛토는 뒤늦게 자신이 속은 것을 알고 분노합니다.

제2막

다음 날 아침 질다가 납치당했다는 소식을 보고받은 공작은 흥분해서 처음으로 계속 사랑하고 싶은 생각이 들었던 여인이 없어져 버렸다며 슬픈 마음을 이 아리아로 노래합니다.

공작 : 그녀가 납치당했네(Ella mi fu rapita)

Ella mi fu rapita!
그녀가 납치당했네!

E quando, o ciel…
오 하늘이여…

ne'brevi istanti, prima che il mio presagio interno sull'orma corsa ancora mi spingesse!
내가 떠나기 전에, 그녀가 위험하다는 생각이 들어 그곳에 다시 가 보았지.

Schiuso era l'uscio··· e la magion deserta!
문이 열려 있었고··· 집은 비어 있었지!

E dove ora sarà quell'angiol caro?
그럼 그 사랑스런 천사는 어디에 있단 말인가?

Colei che prima potè in questo core destar la fiamma di
costanti affetti···
그녀는 처음으로 내가 계속 사랑하고 싶은 생각이 들게 한 사람인데,

colei sì pura, al cui modesto sguardo quasi spinto a virtù talor
mi credo···
순수하고 눈길이 청초해서 그녀의 매력에 빠져 있었는데···

Ella mi fu rapita!
그녀를 데리고 가버렸어!

E chi l'ardiva?
그런데 누가 감히 그런 일을 했지?

Ma ne avrò, ma ne avrò vendetta.
내가 복수하고 말 테다.

Lo chiede il pianto della mia diletta.
사랑스런 그녀의 눈물이 그걸 바랄 거야.

Parmi veder le lagrime scorrenti da quel ciglio,
그녀의 눈에서 눈물이 흐르는 걸 보는 듯하네.

quando fra il dubbio e l'ansia del subito periglio,
갑작스런 위험 속에 걱정과 두려움에 떨고 있는 게

dell'amor nostro memore, dell'amor nostro memore il suo
Gualtier chiamò.
그녀는 우리 사랑을 기억하면서 그녀의 괄티에르를 불렀겠지.

Ned ei potea soccorrerti, cara fanciulla amata,
사랑스런 아가씨, 그런데 난 당신을 구하지 못하네.

ei che vorria coll'anima farti quaggiù beata;
당신이 행복하도록 내 영혼을 바칠 텐데,

ei che le sfere agli angeli, ei che le sfere agli angeli, per te non
invidiò.
당신이 있어서 난 천사들도 부럽지 않았다오,

ei che le sfere, le sfere agli angeli per te, per te le sfere agli
angeli,
당신이 있어서, 당신 덕분에 난 하늘의 천사들도 부럽지 않았어.

per te non invidiò, non invidiò per te.
당신이 있었기에, 당신 덕분에 난 천사들도 부럽지 않았었는데.

　이때 지난밤 질다를 납치해 온 체프라노와 마룰로, 보르사가 나
타나 공작에게 리골렛토의 애인을 납치해 데려왔다고 보고합니다.
그녀가 바로 질다인 것을 직감한 공작은 크게 기뻐하며 그녀가 있
는 곳으로 향합니다.

이때 리골렛토가 질다의 행방을 찾으려 궁정 이곳저곳을 뒤지며 나타납니다. 리골렛토는 질다를 찾기 위해 신하들의 눈치를 이리저리 살피며 들어오는데 모두 시치미를 떼거나 딴청을 부립니다. 질다가 이곳에 있다고 확신한 리골렛토가 어서 딸을 내놓으라고 일갈하자, 신하들은 그녀가 리골렛토의 딸이라는 말을 듣고 놀랍니다.

리골렛토는 신하들에게 어서 질다를 내놓으라고 일갈하는데, 이들의 반응이 없자 이들에게 자비를 읍소하는 가슴 미어지는 명곡을 부릅니다.

리골렛토 : 이 천벌 받을 놈들아
(Cortigiani, vil razza dannata)

Cortigiani, vil razza dannata,
이 천벌 받을 놈들아,

per qual prezzo vendeste il mio bene?
사랑하는 내 아이를 얼마에 팔아넘긴 게냐?

A voi nulla per l'oro sconviene!
너희들은 돈만 주면 무슨 짓이든 다 하지!

ma mia figlia è impagabil tesor.
하지만 내 딸은 돈으로 따질 수 없는 보물이란 말이다.

La rendete!
내 딸을 돌려줘!

o se pur disarmata, questa man per voi fora cruenta;
그렇지 않으면, 내가 네놈들을 가만두지 않을 테다.

nulla in terra più l'uomo paventa, se dei figli difende l'onor.
자식들을 위해서라면 애비는 두려운 게 없는 법이야.

Quella porta, assassini, assassini, m'aprite!
어서 내게 문을 열어라, 이 나쁜 놈들아, 어서 열어!

la porta, la porta, assassini, m'aprite.
어서 문을 열어라, 이 나쁜 놈들아, 어서 열라구!

Ah! voi tutti a me contro venite!
아! 아무도 내 말을 들어주지 않네!

tutti contra me!
모두가 내 말을 들어주지 않아!

Ah!… ebben, piango… Marullo… signore,
아!… 제가 울고 있습니다… 마룰로님,

tu ch'hai l'alma gentil come il core,
나으리는 마음씨가 좋은 분이시잖아요,

dimmi tu dove l'hanno nascosta?
말씀해 주세요, 제 딸을 어디에 숨겨두신 거예요?

Marullo… signore, dimmi tu dove l'hanno nascosta?
마룰로님… 말씀해 주세요, 제 딸을 어디에 숨겨두신 거예요?

È là… non è vero? è là… non è vero? è là… non è vero?
여긴가요? 아니에요? 거긴가요? 아니에요? 거긴가요? 아니에요?

Tu taci!… ohimè!
말씀이 없으시네요, 아이구!

Miei signori… perdono, pietate…
나으리들, 용서해 주세요. 절 불쌍히 여겨주세요.

al vegliardo la figlia ridate…
이 늙은 놈에게 제 딸을 좀 돌려주세요…

Ridonarla a voi nulla ora costa, a voi nulla ora costa,
제 딸아이를 돌려주시는 게 나으리들께는 아무 것도, 아무 것도 아
니지만,

tutto al mondo è tal figlia per me.
제겐 그 딸이 세상의 전부랍니다.

Signori, perdono, perdono, pietà…
나으리들, 용서해 주세요. 절 불쌍히 여겨주세요.

Ridate a me la figlia
제 딸을 좀 돌려주세요.

tutto al mondo è tal figlia per me.
제겐 그 딸이 세상의 전부랍니다.

tutto al mondo è tal figlia per me.
제겐 그 딸이 세상의 전부라구요.

pietà, pietà, signori, pietà, signori, oh pietà!
제발, 제발, 나으리들, 제발 절 좀 도와주세요!

이때 질다가 공작과 함께 있던 방에서 나오며 리골렛토의 품에 안깁니다. 질다는 리골렛토에게 사실 매주 교회에서 한 젊은 청년을 보았고 어젯밤 그로부터 사랑 고백을 받아 희망에 부풀었는데, 갑자기 사람들이 몰려와 자기를 이곳으로 강제로 데려왔다고 자초지종을 말합니다. 분노한 리골렛토는 공작에 대한 복수를 결심합니다.

제3막

리골렛토는 질다에게 공작의 실체를 보여주기 위해 스파라푸칠레가 운영하는 여인숙으로 그녀를 데리고 갑니다. 그리고 건물 밖에 난 구멍을 통해 이곳에 와있는 공작의 모습을 직접 보게 하는데, 공작은 그곳에서 이 아리아를 부르며 자신의 여성관을 의기양양하게 밝힙니다.

공작 : 여자의 마음(La donna è mobile)

La donna è mobile qual piuma al vento,
여자는 바람에 흩날리는 깃털처럼 이리저리 흔들리지.

muta d'accento e di pensiero.
말투도, 생각도 다 바꾸면서.

Sempre un amabile leggiadro viso,
항상 상냥하고 귀여운 얼굴은

in pianto o in riso, è menzognero.
울든 웃든, 사람을 속이는 거야.

La donna è mobile qual piuma al vento,
여자는 바람에 흩날리는 깃털처럼 이리저리 흔들리지.

muta d'accento e di pensiero.
말투도, 생각도 다 바꾸면서.

E sempre misero chi a lei s'affida,
여자를 믿는 사람들은 항상 불쌍해.

chi le confida mal cauto il core!
여자에게 마음을 털어놓는 사람들은 경솔한 사람들이야!

Pur mai non sentesi felice appieno, chi su quel seno non liba
amore!
하지만 사랑을 받아들이지 않는 사람은 결코 충만한 행복을 느끼
지 못하지.

La donna è mobile qual piuma al vento,
여자는 바람에 흩날리는 깃털처럼 이리저리 흔들려.

muta d'accento e di pensiero.
말투도, 생각도 다 바꾸고.

e di pensiero, e ~~~~~~~ di pensier.
생각, 생각을 다 바꾸면서 말이야.

　스파라푸칠레의 동생인 맛달레나가 여인숙 안에서 공작과 만나고 있는 사이, 스파라푸칠레는 여인숙 밖으로 나와 리골렛토를 만납니다. 여인숙 안에서 공작과 맛달레나는 서로 사랑을 속삭이고, 여인숙 밖에서 이런 두 사람의 모습을 지켜보는 질다는 괴로움을, 리골렛토는 복수를 각각 노래합니다.

공작, 맛달레나, 리골렛토, 질다 : 아름답고 사랑스런 아가씨
(Bella figlia dell'amore)

(공작)
Bella figlia dell'amore,
(맛달레나에게) 아름답고 사랑스런 아가씨,

schiavo son dei vezzi tuoi.
난 당신의 매력에 빠진 노예요.

Con un detto sol tu puoi le mie pene consolar.
당신의 말 한마디는 내 고통을 위로해 준다오.

Vieni e senti del mio core il frequente palpitar.
자, 이리로 와서 내 심장이 고동치는 소리를 들어보시오.

Con un detto sol tu puoi le mie pene consolar.
당신의 말 한마디는 나의 고통을 위로해 준다오.

(맛달레나)
Ah! ah! rido ben di core, che tai baie costan poco,
아! 아! 당신의 실없는 농담에 전 웃어요.

(질다)
Ah così parlar d'amore…
아, 내게 똑같은 사랑의 말을 했는데…

(맛달레나)
quanto valga il vostro gioco mel credete, so apprezzar.
당신은 이 장난이 얼마나 가치가 있다고 믿는지, 저는 알죠.

(질다)
A me pur l'infame ho udito!
아, 난 더 심한 말도 들었었는데!

(리골렛토)
Taci, il piangere non vale…
(질다에게) 조용히 해라, 울어도 소용없다.

(질다)
Infelice cor tradito, per angoscia non scoppiar,
배신당해 불행한 가슴아, 괴롭다고 터지면 안돼.

(맛달레나)
Son avvezza, bel signore, ad un simile scherzar, mio bel signore!
잘생긴 아저씨, 전 그런 농담에 익숙하답니다.

(질다)
Infelice cor tradito, per angoscia non scoppiar.
배신당해 불행한 가슴아, 괴롭다고 터지면 안돼.

(맛달레나)
Ah! ah! rido ben di core, che tai baie costan poco,
아! 아! 당신의 실없는 농담에 전 웃어요.

(공작)
Bella figlia dell'amore,
아름답고 사랑스런 아가씨,

schiavo son de'vezzi tuoi;
난 당신의 매력에 빠져버린 노예라오.

(리골렛토)
Ch'ei mentiva or sei sicura…
그가 거짓말했다는 건 이제 확실하구나.

Taci, e mia sarà la cura, la vendetta d'affrettar.
닥쳐라, 이제 복수하는 방법밖에 없어.

Pronta fia, sarà fatale, io saprollo fulminar.
준비는 치명적일 거야, 난 어떻게 칠지 알거든.

M'odi!… ritorna a casa…
들어봐… 넌 이제 집으로 돌아가거라…

oro prendi, un destriero, una veste viril che t'apprestai, e per
Verona parti…
널 위해 준비해 둔 금과 말, 사내옷을 챙겨 베로나로 떠나거라.

Sarovvi io pur doman…
난 내일 가마…

(질다)
Or venite…
지금 가요…

(리골렛토)
Impossibil.
그럴 순 없다.

(질다)
Tremo.
저 무서워요.

(리골렛토)
Va!
어서 가거라.

질다가 떠난 후, 리골렛토는 스파라푸칠레에게 청부살인 대금 20스쿠디 중 절반인 10스쿠디를 먼저 주고, 일이 끝나면 나머지를 주기로 합니다. 스파라푸칠레는 리골렛토에게 이름을 묻는데, 리골렛토는 죽일 사람의 이름은 죄, 자신의 이름은 벌이라고 답하고 사라집니다.

이때 폭풍우가 밀려오고 스파라푸칠레가 여인숙 안으로 들어옵니다. 천둥번개가 치며 날이 어두워지자 공작은 여인숙에서 묵기로 합니다. 스파라푸칠레가 리골렛토와의 계약에 따라 그를 죽일 준비를 하고 있을 때, 맛달레나는 공작과 자신이 서로 사랑하고 있으니 그를 죽이지 말고, 대신 리골렛토가 나머지 대금을 가지고 오면 그를 죽이고 돈을 차지하자고 합니다. 스파라푸칠레는 고객을 배신할 수는 없다면서, 대신 자정 전에 찾아오는 사람이 있으면 그를 죽이고 그 시신을 리골렛토에게 건네기로 합니다.

여인숙 밖에서 남매의 대화를 모두 들은 질다는 공작을 위해 희생하기로 결심하고 남장한 채 여인숙 문을 두드립니다. 그리고 스파라푸칠레는 천둥과 번개가 몰아치는 가운데 그녀를 칼로 찔러 쓰러뜨리고 자루에 담습니다.

잠시 후 리골렛토가 여인숙에 도착해 스파라푸칠레로부터 자루를 건네받습니다. 리골렛토가 자루를 끌고 가며 공작에게 복수했다고 기뻐하는 사이, 멀리서 공작의 노랫소리가 들려옵니다.

깜짝 놀란 리골렛토는 어떻게 된 일이냐면서 황망해하며 이 아리아를 부르고, 질다는 아버지에게 용서를 구하며 안타깝게 죽어갑니다.

리골렛토, 질다 : 이건 누구야, 누가 그놈 대신 여기 있는 거야
(Chi è mai, chi è qui in sua vece)

(리골렛토)
Chi è mai, chi è qui in sua vece?
이건 누구야, 누가 그놈 대신 여기 있는 거야?

Io tremo… è umano corpo!…
나 무섭네… 사람 몸이잖아!

Mia figlia!… Dio!… mia figlia!…
내 딸!… 신이여… 내 딸이잖아!

Ah, no!… è impossibil!…
아, 안 돼, 그럴 수 없어!

per Verona è in via!
지금 베로나로 가고 있어야 하는데!

Fu vision!… è dessa!…
맞네!… 맞잖아!

Oh mia Gilda!… fanciulla… a me rispondi!
오, 질다… 내 새끼… 말 좀 해봐라!

l'assassinò mi svela… Ola?
누가 널 죽이려 했니? … 말해 봐라.

Nessuno!⋯ nessun!⋯
거기 아무도 없어요? 누구 없어요?

Mia figlia?⋯ mia Gilda?⋯ oh mia figlia?
내 딸?⋯ 내 질다?⋯ 오 내 딸?

(질다)
Chi mi chiama?
누구세요?

(리골렛토)
Ella parla!⋯ si move!⋯
말을 하네!⋯ 움직이기도 하고!

è viva!⋯ oh Dio!
살아있구나! 오 신이시여.

Ah, mio ben solo in terra⋯ mi guarda, mi conosci⋯
아, 내 새끼, 날 봐라, 나 알아보겠니?

(질다)
Ah⋯ padre mio!
아⋯ 아빠!

(리골렛토)
Qual mistero!⋯ che fu!⋯
이런 일이!⋯ 어떻게 된거야?

sei tu ferita?… dimmi…
다쳤니? 말해봐라.

(질다)
L'acciar… qui… qui mi piago.
여기를, 여기를 칼에 찔렸어요.

(리골렛토)
Chi t'ha colpita?
누가 그랬어?

(질다)
V'ho l'ingannato… colpevole fui…
제가 아빠를 속였어요… 제 잘못이에요…

l'amai troppo… ora muoio per lui!
그분을 너무 사랑해서… 그분을 위해 제가 대신 죽으려 했어요.

(리골렛토)
Dio tremendo! Ella stessa fu colta dallo stral di mia giusta
vendetta!
(혼잣말로) 오 신이시여! 내 딸이 내 복수의 굴레에 걸리다니!

 Angiol caro, mi guarda, m'ascolta,
(질다에게) 천사 같은 내 딸아, 날 봐라, 내 말 좀 들어봐,

parla, parlami, figlia diletta!
말을, 내게 말을 좀 해봐라. 내 새끼야!

(질다)

Ah, ch'io taccia!··· a me··· a lui perdonate!···
아, 말을 못하겠어요. 저를, 그리고 그분을 용서해 주세요.

benedite··· alla figlia··· o mio padre.
오 아빠··· 딸을··· 축복해 주세요.

lassù··· in cielo, vicina alla madre··· in eterno per voi ···
preghero.
저 하늘에 가서 엄마 곁에서 영원히 아빠를 위해 기도할게요.

(리골렛토)

Non morir··· mio tesoro, pietade···
죽지 마라··· 내 새끼, 이 불쌍한 것,

Mia colomba, lasciarmi non dei! lasciarmi non dei!
내 딸아, 날 떠나지 마라!

(질다)

lassù··· in cielo, vicina alla madre··· in eterno per voi···
preghero.
하늘에 가서 엄마 곁에서 영원히 아빠를 위해 기도할게요.

(리골렛토)
Oh, mia figlia!
오, 내 딸.

(질다)
lassù… in cielo, vicina alla madre… in eterno per voi…
preghero.
하늘에 가서 엄마 곁에서 영원히 아빠를 위해 기도할게요.

(리골렛토)
No, lasciarmi non dei, non morir.
날 떠나지 마라, 죽지 마.

Se t'involi, qui sol rimarrei.
네가 떠나면 나 혼자 남게 되잖니.

Non morire, o ch'io teco morrò.
죽지 마라, 그렇지 않으면 나도 너와 함께 죽으련다.

(질다)
Non più… a lui… perdonate…
더 이상 못… 그분을… 용서해 주세요.

mio padre… Addio!
아빠… 안녕!

lassù… in cielo, lassù… in cielo…
하늘에서… 하늘에서…

(리골렛토)
Oh, mia figlia!
오, 내 딸.

No, lasciarmi non dei, non morir.
안 돼. 죽지 마라, 죽으면 안 돼.

Gilda! mia Gilda! è morta!
(질다가 죽자) 질다, 내 질다, 질다가 죽었구나!

Ah! la maledizione!
아! 저주로구나!

리골렛토가 몬테로네 백작으로부터 아비의 고통을 비웃는다며
저주를 받았었는데, 바로 그 저주가 실현된 것입니다. 베르디가 당
초 이 오페라의 제목을 '저주'로 하고자 했던 이유를 실감하게 됩
니다.

이 여자든 저 여자든(Questa o quella)

공작이 자신의 궁전에서 주최한 파티장에서 자신의 호색적 취향을
자랑하듯 부르는 곡

우리는 같은 부류의 인간이구나(Pari siamo)

리골렛토가 청부살인업자인 스파라푸칠레와 만난 후, 자신은 말로,
스파라푸칠레는 칼로 다른 사람을 죽이니 둘은 같은 부류의 사람이
라고 노래하는 곡

소중한 이름(Caro nome)

자신이 사모했던 남자가 그녀 앞에 나타나 괄티에르 말데라는 이름
의 가난한 학생이라고 소개하고 떠나자, 혼자 남은 질다가 그의 이
름을 되새기며 사랑에 겨워 부르는 곡

그녀가 납치당했네(Ella mi fu rapita)

질다가 납치당했다는 소식을 보고받은 공작이 처음으로 계속 사랑
하고 싶은 생각이 들었던 여인이 없어져 버렸다면서 그녀에 대한
사랑을 노래하는 곡

이 천벌 받을 놈들아(Cortigiani, vil razza dannata)

사랑하는 딸 질다가 납치당한 것을 알게 된 리골렛토가 공작의 궁
정에 들어와 공작의 신하들에게 어서 질다를 내놓으라고 일갈하고
이어 읍소하는 곡

여자의 마음(La donna è mobile)

공작이 스파라푸칠레의 여관에서 자신의 여성관을 의기양양하게
밝히는 곡

아름답고 사랑스런 아가씨(Bella figlia dell′amore)

스파라푸칠레의 여관 안에서 공작은 맛달레나를 유혹하며 사랑을
속삭이고, 여관 밖에서 이런 두 사람의 모습을 지켜보는 질다와 리
골렛토는 괴로움을 토로하며 서로 노래하는 4중창

이건 누구야, 누가 그놈 대신 여기 있는 거야(Chi è mai, chi è qui in sua vece)

자루 속 사람이 자신이 청부살인했던 공작이 아니라 자신의 금지옥
엽인 질다인 것을 발견한 리골렛토가 절규하고 질다는 아버지에게
용서를 구하는 2중창

02

—

일 트로바토레
Il Trovatore

L'Essenza dell'opera di Giuseppe Verdi

<h1 style="text-align: center;">개요</h1>

이 작품은 베르디가 스페인의 극작가 안또니오 구띠에레스Antonio Gutiérrez의 희곡 〈엘 뜨로바도르El Trovador〉를 기초로 대본작가 살바토레 캄마라노Salvatore Cammarano와 호흡을 맞춰 만든 걸작으로, 극적인 스토리 전개와 웅장하고 다이내믹한 음악이 돋보이는 베르디의 17번째 오페라입니다.

4막으로 이루어진 이 작품은 제1막 결투, 제2막 집시 여인, 제3막 집시의 아들, 제4막 처형이라는 막별 부제를 가지고 있는데, 만리코(테너), 루나(바리톤), 레오노라(소프라노), 아주체나(메조소프라노)라는 4명의 주역이 거의 같은 비중을 차지하며 아름다우면서도 난이도 있는 곡들을 계속 선보이는 수작입니다.

이 작품은 뛰어난 음악과 박진감 넘치는 배역에도 불구, 비평가들로부터 기존 벨칸토 오페라를 쫓아내 버렸다는 비판과 함께 너무 어둡고 잔인하다는 비판을 받아왔습니다. 하지만 구띠에레스의 원작 자체가 매우 어둡고 이 작품이 15세기 초 스페인 내전 시대를 배경으로 하고 있다는 점을 감안하면, 어둡고 잔인하다는 비판은 비판을 위한 비판이 아닌가 하는 생각입니다.

통상 우리말로 '음유시인'으로 번역하고 있는 트로바토레(영어로 troubadour)는 중세 유럽에서 정처 없이 방랑하면서 시를 짓고 노래를 부르며 때로는 검객이기도 했던 사람들로, 사회적으로는 기사 계급에 준하는 대우를 받았다고 합니다.

초연은 1853년 1월 로마에서 이루어졌는데, 불과 두 달 후인 1853년 3월 발표된 〈라 트라비아타〉가 사랑을 주제로 한 여성적이고 고운 오페라라면, 이 작품은 원한을 주제로 한 남성적이고 힘이 넘치는 작품입니다.

<h1 style="text-align:center">주요 등장인물</h1>

만리코(음유시인, 테너)

레오노라(아라곤 공작부인의 시녀장, 소프라노)

루나(백작, 바리톤)

아주체나(집시 여인, 메조소프라노)

페르란도, 이네스, 루이스

<h1 style="text-align:center">시놉시스와 주요 아리아</h1>

<h3 style="text-align:center">제1막</h3>

알리아페리아궁 밖에서 궁의 주인인 루나 백작이 돌아오기를 기다리는 동안, 위병대 대장인 페르란도는 백작의 동생 이야기를 해달라는 대원들의 요청을 받고 백작 가문의 전설을 그들에게 들려줍니다.

내용인즉, 선대 백작에게 아들이 둘 있었는데 어느 날 한 집시 노파가 동생의 요람을 들여다본 후 그 동생이 갑자기 열이 나더니 마법에 걸렸고, 분노한 백작이 노파를 화형에 처했다. 노파는 죽기 전 자기 딸에게 복수를 부탁했는데, 이후 백작의 둘째 아들이 사라졌고, 화형장 잿더미 속에서 타다 남은 아기의 뼈가 발견되었다. 선대 백작은 큰아들인 루나 백작에게 동생을 계속 찾으라는 유언을 남기고 죽었다는 것이었습니다.

한편, 레오노라는 예전 음유시인 경연대회에서 우승했던 무명의 기사를 다시 볼 수 있을까 하는 기대감으로 그를 기다리고 있습니다. 레오노라는 시녀인 이네스가 그녀와 그 음유시인과의 인연을 궁금해하자, 두 사람이 처음 만난 추억을 이 아리아로 들려줍니다.

레오노라 : 평온하고 아름다운 밤이었어
(Tacea la notte placida e bella)

Tacea la notte placida e bella in ciel sereno
하늘은 맑았고, 평온하고 아름다운 밤이었어.

La luna il viso argenteo mostrava lieto e pieno.
달은 행복하고 충만한 은빛 자태를 보이고 있었지.

quando suonar per l'aere, infino allor sì muto,
그때 밤의 적막을 깨는

dolci s'udiro e flebili gli accordi d'un liuto,
달콤하고 은은한 류트 소리가 들려왔어.

e versi melanconici, e versi melanconici, un trovator cantò.
한 음유시인이 우울한 노래를 불렀지.

Versi di prece ed umile qual d'uom che prega Iddio,
그건 신에게 기도드리는 겸손한 목소리였어.

in quella ripeteasi un nome, il mio, il mio!⋯
거기에서 이름 하나가 반복되었는데⋯ 바로 내 이름이었어!

Corsi al veron sollecita.
난 즉시 발코니로 뛰어갔지.

Egli era, egli era desso!
거기에 그이가 있었어!

Gioia provai che agl'angeli solo è provar concesso!
그때 난 오직 천사만이 느낄 수 있는 황홀한 기쁨을 느꼈어!

Al cor, al guardo estatico la terra un ciel sembrò.
내 마음에, 황홀한 내 눈에 이 세상이 천국으로 보였어.

la terra un ciel sembrò.
이 세상이 천국으로 보였어.

　　이네스는 왠지 슬픈 예감이 든다면서 레오노라에게 그를 잊어버리라고 하는데, 레오노라는 그는 자신에게 운명적인 사람이며 그를 위해 살 수 없다면 그를 위해 죽겠다면서 이 경쾌한 아리아를 부릅니다.

레오노라 : 말로 다 표현할 수 없는 사랑
(Di tale amor che dirsi)

Di tale amor che dirsi, mal può dalla parola,
말로 다 표현할 수 없는, 그런 사랑이 내게 온 거야.

D'amor che intendo io sola, il cor s'inebriò!
오직 나만 이해할 수 있는 사랑에 내 마음은 취해있었어!

Il mio destino compiersi, non può che a lui dappresso.
내 운명은 오직 그이에 의해서만 이루어질 수 있지.

S'io non vivrò per esso, per esso, per esso io morirò!
그이를 위해 살 수 없다면, 난 그이를 위해 죽을 거야.

S'io non vivrò per esso, per esso, per esso io morirò!
그이를 위해 살 수 없다면, 그이를 위해, 그이를 위해 죽을 거야.

S'io non vivrò per esso, per esso, per esso io morirò!
그이를 위해 살 수 없다면, 그이를 위해, 그이를 위해 죽을 거야.

　레오노라를 좋아하는 루나 백작은 그녀를 만나기 위해 그녀의 거처로 찾아갑니다. 그때 마침 음유시인의 노랫소리가 들리는데, 그를 기다리고 있던 레오노라는 이 음유시인을 만나려고 밖으로 나오다가 문 앞에 서 있는 루나 백작을 음유시인으로 착각하고 그의 품에 안깁니다.

　이 모습을 본 음유시인은 레오노라에게 부정한 여인이라고 화를 내는데, 레오노라는 어두워서 잘못 본 것이라면서 오직 그만을 사랑한다고 맹세합니다. 이를 지켜본 루나 백작은 분노하면서 음유시인에게 정체를 밝히라고 요구하고, 음유시인은 자신의 이름이 만리코라고 밝힙니다.

　서로 감정이 격해진 루나 백작과 만리코는 레오노라의 만류에도 불구하고 결투를 위해 칼을 들고 밖으로 나가고, 레오노라는 실신합니다.

제2막

비스칼리아 산에 있는 집시 요새의 대장간에서 집시들이 모여 일을 하는 동안, 함께 '대장간의 합창'으로 알려진 이 노래를 같이 부르며 서로를 격려합니다.

집시 : 보라! 어두운 밤은 지나가고
(Vedi! Le fosche notturne spoglie)

(전원)
Vedi! Le fosche notturne spoglie de' cieli sveste l'immensa volta,
보라, 어두운 밤의 구름을 걷어내고 얼굴을 드러내는 하늘을.

Sembra una vedova che alfin si toglie i bruni panni ond'era involta.
마침내 감싸고 있던 어두운 옷을 벗어버리는 과부처럼 보이네.

All'opra! All'opra!
일 합시다! 일!

Dagli, martella.
망치를 건네주게.

Chi del gitano i giorni abbella?
(연장을 집어들고) 누가 집시들의 하루하루를 행복하게 해주나?

Chi del gitano i giorni abbella?
누가 집시들의 하루하루를 행복하게 해주나?

La zingarella!
그건 바로 집시 여인들이지.

(남자들)
Versami un tratto.
(여자들에게) 내게도 한 잔 주시게.

Lena e coraggio il corpo e l'anima traggon dal bere.
술을 마시면 힘과 용기가 생기니까.

(전원)
Oh guarda, guarda!
오 보세요, 보세요!

Del sole un raggio brilla più vivido nel mio/tuo bicchiere!
햇살이 우리들 잔에 부딪혀 더 밝게 빛이 나네.

All'opra! All'opra!
일합시다! 일!

Dagli, martella⋯
망치를 건네주게.

Chi del gitano i giorni abbella?
누가 집시의 하루하루를 행복하게 해주겠어?

Chi del gitano i giorni abbella?
누가 집시의 하루하루를 행복하게 해주겠어?

La zingarella! La zingarella! La zingarella!
우리 집시 여인들이지! 집시 여인들! 바로 우리 집시 여인들이야!

　합창이 끝난 후, 아주체나는 다른 집시들에게 옛날 자신의 어머니
가 화형을 당하던 순간을 이 아리아로 들려줍니다.

아주체나 : 불길이 활활 타올랐어(Stride la vampa)

Stride la vampa!
불길이 활활 타올랐어.

La folla indomita corre a quel fuoco lieta in sembianza;
흥분한 사람들이 기뻐하며 그 불길로 달려들었지.

Urli di gioia intorno echeggiano:
기쁨의 함성이 주위에 울려 퍼졌어.

cinta di sgherri donna s'avanza!
한 여자가 떠밀려 나왔지.

Sinistra splende sui volti orribili
음산한 불길은 두려움에 떠는 여자의 얼굴에 비쳤고

la tetra fiamma che s'alza, s'alza al ciel, s'alza al ciel!
불길은 하늘로, 하늘로, 하늘로 치솟아 올랐어.

Stride la vampa!
불길이 활활 타올랐어.

Giunge la vittima nero-vestita, discinta e scalza!
처형될 희생자가 다가왔어, 검은 옷에 맨발로!

Grido feroce di morte levasi.
격렬한 죽음의 비명이 하늘로 치솟았어.

L'eco il ripete di balza in balza!
그 비명 소리는 사방에 메아리쳤어!

Sinistra splende sui volti orribili
음산한 불길은 두려움에 떠는 여자의 얼굴에 비쳤고

la tetra fiamma che s'alza, che s'alza, che s'alza al ciel!
불길은 하늘로, 하늘로, 하늘로 치솟아 올랐어!

아주체나의 노래를 들은 만리코는 그녀에게 더 자세한 이야기를
해달라고 조릅니다. 아주체나는 자기 어머니가 백작 집 아기에게 마
법을 걸었다는 이유로 화형에 처해졌고, 어머니가 죽기 전 자신에
게 복수를 부탁했다고 말합니다. 그래서 백작 집 아들을 납치해 불
길 속으로 밀어 넣었는데 정신을 차리고 보니 백작 집 아들이 아니
라 자기 친아들을 불길 속에 던져넣었던 것이라고 아픈 과거를 회상

합니다. 만리코가 그럼 자기는 그녀의 아들이 아니냐고 묻자, 아주체나는 자신의 아들이라고 답합니다.

이때 전령이 쪽지를 하나 가지고 오는데, 레오노라가 사랑하는 만리코가 루나 백작과의 결투에서 패해 죽은 줄 알고 낙담한 나머지, 오늘 밤 수녀원으로 들어갈 예정이라는 내용이었습니다. 만리코는 그녀를 만나기 위해 아주체나의 만류에도 불구하고 수녀원으로 가기 위해 산을 내려갑니다.

한편 루나 백작은 레오노라가 수녀가 되는 것을 막기 위해 그녀를 납치하기로 결심하는데, 수녀원 정원에서 그녀가 오기를 기다리는 동안 그녀를 생각하며 이 아름다운 아리아를 부릅니다.

루나 : 그대 미소는 아름답고(Il balen del suo sorriso)

Il balen del suo sorriso d'una stella vince il raggio!
그녀의 반짝이는 미소는 별보다 더 빛이 나고

Il fulgor del suo bel viso novo infonde, novo infonde a me coraggio!
아름다운 그녀 얼굴의 광채는 내게 새로운 용기를 주네.

Ah! l'amor, l'amore ond'ardo le favelli in mio favor!
아! 이 나의 간절한 사랑이 그녀에게 전해질 수 있다면,

Sperda il sole d'un suo sguardo la tempesta del mio cor.
그녀 눈길의 햇살이 내 심란한 마음을 가라앉혀 줄 텐데.

Ah! l'amor, l'amore ond'ardo le favelli in mio favor!
아! 이 나의 간절한 사랑이 그녀에게 전해질 수 있다면,

Sperda il sole d'un suo sguardo la tempesta del mio cor.
그녀 눈길의 햇살이 내 심란한 마음을 가라앉혀 줄 텐데

Ah! l'amor, l'amore ond'ardo le favelli in mio favor!
아! 이 나의 간절한 사랑이 그녀에게 전해질 수 있다면

Sperda il sole d'un suo sguardo la tempesta,
그녀 눈길의 햇살이 내 심란한 마음을 사라지게 해줄 텐데

Sperda il sole d'un suo sguardo,
그녀 눈길의 햇살이 사라지게 해줄 텐데

ah! la tempesta, la tempesta del mio cor.
아! 이 내 심란한, 심란한 마음을.

　　하녀 이네스와 함께 수녀원에 도착한 레오노라는 그녀에게 작별을 고하는데, 정원에서 기다리고 있던 루나 백작이 레오노라 앞에 나타나 그녀를 데려가려고 합니다. 그런데 그 순간 갑자기 만리코가 이들 앞에 모습을 드러내자, 루나 백작과 레오노라 두 사람 모두 깜짝 놀랍니다.

　　만리코를 본 레오노라는 기쁨에 겨워하고, 루나 백작은 레오노라를 데려가려 하지만, 만리코의 부하들이 한꺼번에 여럿 들이닥치자 결국 물러서고 맙니다. 만리코는 유유히 레오노라를 데리고 자신의 요새로 떠납니다.

제3막

만리코에게 레오노라를 빼앗기고 분노한 루나 백작은 다음 날 새벽 만리코 부대의 요새를 공격하기로 하고 전열을 정비합니다. 그때, 위병대장인 페르란도가 백작에게 초소 부근을 배회하던 수상한 여인을 붙잡아 왔다고 보고합니다. 그 여인은 아주체나였는데, 백작은 아주체나가 비스칼리아 산에서 오래 살았다고 말하자, 혹시 15년 전 납치되어 그 산으로 끌려간 백작의 아들 이야기를 아는지 묻습니다.

아주체나는 모른다고 거짓말을 하지만, 아주체나를 알아본 페르란도가 그녀가 바로 어린 아이를 불길 속에 집어넣은 마녀라고 폭로합니다. 놀란 백작은 당장 그녀를 체포하라고 명령합니다. 아주체나는 아들 만리코가 불쌍한 어미를 구하러 오지 않을 거냐고 중얼거리는데, 만리코가 그녀의 아들이라는 말을 듣게 된 백작은 이제 동생의 원수를 갚을 수 있게 되었다고 기뻐합니다.

한편, 자신의 요새에서 레오노라와의 결혼을 앞두고 있는 만리코는 이 아름다운 아리아로 그녀에 대한 사랑을 노래합니다.

만리코 : 아, 사랑스런 그대(Ah! Sì, ben mio)

Ah! Sì, ben mio,
아, 그래요, 내 사랑,

coll'essere io tuo, tu mia consorte,
내가 당신의 남편이 되고, 당신이 내 아내가 되면

Avrò più l'alma intrepida, il braccio avrò più forte;
난 두려움이 없어지고, 용기도 더 강해질 것이오.

Ma pur se nella pagina de' miei destini è scritto,
하지만 만일 내 운명의 페이지에

ch'io resti fra le vittime dal ferro ostil trafitto,
내가 적의 칼에 스러진다고 쓰여있다면,

ch'io resti fra le vittime dal ferro ostil trafitto,
적의 칼에 스러지는 게 내 운명이라면,

Fra quegli estremi aneliti a te il pensier verrà, verrà,
마지막 숨을 내쉬는 순간에도 당신을 생각할 것이고

e solo in ciel precederti la morte a me parrà.
오직 내 죽음만 먼저 천국에 가 있을 것 같소.

Fra quegli estremi aneliti a te il pensier verrà, verrà,
마지막 숨을 내쉬는 순간에도 난 당신을 생각할 것이고,

e solo in ciel precederti la morte a me parrà.
오직 내 죽음만 먼저 천국에 가 있을 것 같소.

la morte a me, a me parrà,
내 죽음만 가 있을 것이오.

e solo in ciel, e solo in ciel precederti la morte a me parrà, la morte a me parrà!
천국에, 천국에는 오직 내 죽음만 먼저 가 있을 것이오.

　이때 갑자기 부하인 루이스가 들어와 아주체나가 루나 백작 부대에 잡혀갔으며 적들이 이미 그녀를 죽이기 위해 화형대를 준비해 두었다고 보고합니다. 분노한 만리코는 레오노라에게 자신이 아주체나의 아들이라고 밝히고, 어머니를 구하러 가야 한다면서 이 격정적인 아리아를 부르고 떠납니다.

만리코 : 타오르는 저 불꽃(Di quella pira l'orrendo foco)

Di quella pira l'orrendo foco
타오르는 저 불꽃이

tutte le fibre m'arse avvampò!
나의 모든 것을 태우네.

Empi, spegnetela,
이 녀석들아, 어서 불을 꺼라.

o ch'io fra poco col sangue vostro la spegnerò.
그렇지 않으면 내가 너희들의 피로 저 불을 끌 것이다.

Era già figlio prima d'amarti,
(레오노라에게) 난 당신을 사랑하기 전에 (저 불길 속에 있는) 여인의 아들이오.

Non può frenarmi il tuo martir.
당신의 괴로움도 날 잡지는 못해요.

Madre infelice, corro a salvarti,
불쌍한 어머니, 제가 구하러 갈게요.

o teco almeno corro a morir!
아니면 최소한 당신과 함께 죽을 겁니다.

o teco almeno corro a morir!
아니면 최소한 당신과 함께 죽을 겁니다.

o teco almen, o teco corro a morir!
최소한 함께 죽을 거예요.

(부하들)
All'armi, all'armi! all'armi, all'armi!
싸우자, 가서 싸우자, 가자, 가자!

eccone presti a pugnar teco, teco a morir.
당신과 함께 싸우다 죽을 준비가 되어 있습니다.

o teco almen, o teco almen corro a morir!
최소한 당신과 함께 죽겠습니다.

All'armi, all'armi! all'armi, all'armi!
싸우자, 가서 싸우자, 가자, 가자!

eccone presti a pugnar teco, teco a morir.
당신과 함께 싸우다 죽을 준비가 되어 있습니다.

o teco almen, o teco almen corro a morir!
최소한 당신과 함께 죽겠습니다.

All'armi, all'armi! all'armi, all'armi! all'armi, all'armi! all'armi,
all'armi!
싸우자, 가서 싸우자, 가자, 가자!

제4막

루나 백작의 부대와 싸우러 갔던 만리코는 백작 부대에 붙잡혀 옥
탑에 갇히는 신세가 됩니다. 레오노라는 만리코가 갇혀있는 감옥으
로 달려가 그를 생각하며 이 애처로운 아리아를 부릅니다.

레오노라 : 사랑의 장밋빛 날개를 타고
(D'amor sull'ali rosee)

D'amor sull'ali rosee
사랑의 장밋빛 날개를 타고

vanne, sospir dolente,
가거라, 내 슬픔 한숨아.

Del prigioniero misero conforta l'egra mente.
가서 가련한 죄수의 심란한 마음을 위로해 드리렴.

Com'aura di speranza aleggia in quella stanza:
그분의 감옥 안을 희망의 기운이 되어 감싸드리고

Lo desta alle memorie, ai sogni, ai sogni dell'amor!
그분의 모든 기억과 사랑의 꿈을 일깨워 드려다오!

Ma deh! non dirgli, improvvido, le pene, le pene, le pene del
mio cor!
하지만, 행여 내 마음의 고통을 그분께 전하지는 말고!

Deh! non dirgli, improvvido, le pene del mio cor!
행여 내 마음의 고통을 그분께 전하지는 말아라!

le pene, le pene del cor!
내 고통을, 내 괴로움을 전하지는 마!

　레오노라의 노래를 들은 만리코는 옥탑 안에서 자기를 잊지 말라고 외치며 작별을 고하는데, 이를 들은 레오노라는 자신을 희생해서라도 만리코를 구해내겠다고 다짐하며 이 아리아를 부릅니다.

레오노라 : 제 사랑을 알게 될 거예요
(Tu vedrai che amore in terra)

Tu vedrai che amore in terra mai del mio non fu più forte,
당신은 세상에 내 사랑보다 더 강한 사랑은 없다는 걸 알게 될 거예요,

Vinse il fato in aspra guerra, vincerà la stessa morte.
제 사랑은 잔인한 운명과 죽음까지도 이겨 낼 거예요.

O col prezzo di mia vita, la tua vita io salverò!
오 제 목숨을 바쳐서라도, 당신 목숨을 구해 낼 거예요!

O con te per sempre unita nella tomba io scenderò!
오 무덤 속에서 당신과 영원히 함께 할 거예요!

con te per sempre unita, sì nella tomba io scenderò!
무덤 속에서 당신과 영원히 함께 할 거예요!

O col prezzo di mia vita, la tua vita io salverò!
오 제 목숨을 바쳐서라도, 당신 목숨을 구해 낼 거예요!

O con te unita nella tomba io scenderò!
오 무덤 속에서 당신과 함께 할 거예요!

O col prezzo di mia vita, la tua vita io salverò!
오 제 목숨을 바쳐서라도, 당신 목숨을 구해 낼 거예요!

con te per sempre, per sempre unita nella tomba io scenderò!
오 무덤 속에서 당신과 영원히, 영원히 함께 할 거예요!

Ah te, con te nella tomba io scenderò!
오 무덤 속에서 당신과 함께 할 거예요!

Ah sì, con te, con te nella tomba io scenderò!
오 무덤 속에서 당신과, 당신과 함께 할 거예요!

Scenderò! scenderò! scenderò!
함께 할 거예요! 함께, 함께 할 거예요!

　한편, 루나 백작은 부하들에게 내일 새벽에 만리코와 아주체나를
화형에 처하라고 지시하는데, 그때 레오노라가 백작 앞에 모습을 나
타냅니다. 놀라는 백작에게 레오노라는 차라리 자신을 죽이고 만리
코를 살려달라며 이 간절한 아리아를 부릅니다.

레오노라, 루나 : 제 괴로운 눈물을 보세요
(Mira, di acerbe lagrime)

(레오노라)
Mira, di acerbe lagrime spargo al tuo piede un rio,
보세요, 제 괴로운 눈물이 당신 발치에서 강물이 되네요.

Non basta il pianto?
이 눈물로는 충분하지 않나요?

Svenami, ti bevi il sangue mio.
그럼 절 죽이고 제 피를 드세요.

Svenami, svenami, ti bevi il sangue mio.
절 죽이고, 절 죽이고 제 피를 드시라구요.

Calpesta il mio cadavere, ma salva il Trovator!
제 시신을 짓밟더라도 그 음유시인만은 살려주세요!

(루나)
Ah! dell'indegno rendere vorrei peggior la sorte:
아! 그럴수록 그의 운명을 더 험하게 만들고 싶어지오.

Fra mille atroci spasimi centuplicar sua morte;
천 번의 극심한 경련 후에 그의 죽음은 백 배 더 고통스러울 거요.

(레오노라)
Svenami…
절 죽여주세요.

(루나)
Più l'ami, e più terribile divampa il mio furor!
당신이 그를 사랑하면 할수록, 내 분노는 더 끔찍하게 타올라요.

Più l'ami, e più terribile divampa il mio furor!
당신이 그를 사랑하면 할수록, 내 분노는 더 끔찍하게 타오른단
말이에요!

(레오노라)
Calpesta il mio cadavere, ma salva il Trovator!
제 시신을 짓밟더라도 그분만은 살려주세요!

레오노라의 애원에도 불구하고 루나 백작이 만리코를 살릴 수 있는 방법은 없다고 완강한 자세를 보이자, 레오노라는 그럼 백작의 여자가 되겠으니 대신 그를 살려달라고 부탁합니다.

백작은 기뻐하면서 보초에게 만리코를 풀어주라고 지시하는데, 그사이 레오노라는 반지 안에 몰래 숨겨온 독약을 마십니다. 백작은 그녀에게 약속을 지키라고 거듭 요구하고, 레오노라는 그러기로 맹세한다며 함께 옥탑으로 올라갑니다.

마침내 만리코 앞에 레오노라가 나타납니다. 그녀는 그를 구하기 위해 이곳에 왔다고 하면서 만리코에게 어서 이곳을 떠나라고 말합니다. 만리코는 어떻게 된 것이냐면서, 자신에게 맹세했던 사랑을 루나 백작에게 팔아버린 것 아니냐며 오해합니다.

몸에 독 기운이 퍼진 레오노라는 만리코에게 다른 남자의 여인으로 살게 되기 전에 먼저 죽고자 했다면서 만리코의 품 안에서 숨을 거두고, 그녀의 깊은 사랑을 알게 된 만리코는 슬픈 눈물을 흘립니다.

레오노라에게 속았다는 것을 깨달은 루나 백작은 분노하며 부하들에게 만리코에 대한 사형 집행을 지시하고, 아주체나에게는 그가 죽는 모습을 보게 합니다. 사형이 집행된 후, 아주체나는 루나 백작에게 방금 사형당한 만리코가 백작의 잃어버린 동생이라고 하면서 이제 어머니의 복수를 마쳤다고 외치며 자리에 쓰러집니다.

평온하고 아름다운 밤이었어(Tacea la notte placida e bella)

레오노라가 시녀 이네스에게 자신이 어떻게 만리코와 사랑하게 되었는지 들려주는 곡

말로 다 표현할 수 없는 사랑(Di tale amor che dirsi)

하녀 이네스가 만리코를 잊어버리는 것이 좋겠다고 하자, 레오노라가 그녀에게 만리코는 운명적 사랑이라고 노래하는 곡

보라! 어두운 밤은 지나가고(Vedi! Le fosche notturne spoglie)

집시들이 요새 내 대장간에서 함께 일을 하며 서로를 격려하는 곡(대장간의 합창)

불길이 활활 타올랐어(Stride la vampa)

아주체나가 자신의 어머니가 화형을 당하던 순간을 집시들에게 들려주는 곡

그대 미소는 아름답고(Il balen del suo sorriso)

레오노라가 수녀원으로 들어가 수녀가 되려고 하자, 루나 백작이 그녀를 빼돌리고자 수도원 앞에서 그녀가 오기를 기다리면서 부르는 곡

아, 사랑스런 그대(Ah! Sì, ben mio)

수녀원으로 가고 있는 레오노라 앞에 나타난 만리코가 그녀를 자신의 요새로 데려간 후, 그녀와 결혼을 약속하며 부르는 곡

타오르는 저 불꽃(Di quella pira l'orrendo foco)

어머니 아주체나가 화형에 처해질 예정이라는 말을 들은 만리코가
아주체나를 구하러 가야 한다면서 격렬히 부르는 곡

사랑의 장밋빛 날개를 타고(D'amor sull'ali rosee)

만리코가 루나 백작에게 잡혀 투옥되자 레오노라가 감옥 앞으로 가
감옥에 갇힌 만리코를 생각하며 부르는 곡

제 사랑을 알게 될 거예요(Tu vedrai che amore in terra)

만리코가 옥탑 안에서 자기를 잊지 말라고 외치며 작별을 고하자,
이를 들은 레오노라가 자신을 희생해서라도 만리코를 구해내겠다
고 다짐하며 부르는 곡

제 괴로운 눈물을 보세요(Mira, di acerbe lagrime)

레오노라가 만리코를 죽이려는 루나 백작에게 차라리 자기를 죽이
더라도 만리코는 살려달라고 애원하는 곡

03
–
라 트라비아타
La Traviata

L'Essenza dell'opera di Giuseppe Verdi

<h1 style="text-align:center">개요</h1>

이 작품은 베르디가 프랑스 파리에 머무르는 동안 알렉상드르 뒤마 피스Alexandre Dumas Fils(1824-1895)의 자전적 소설 〈동백꽃 부인La Dame aux camélias〉을 원작으로 한 연극을 보고 큰 감동을 받아, 단짝 대본작가 프란체스코 피아베Francesco Piave와 호흡을 맞춰 만든 베르디의 18번째 작품입니다.

베르디는 불과 27세의 나이에 한 살 어린 아내 마르게리타 바렛치Margherita Barezzi(1814-1840)를 병으로 잃고, 이후 〈나부코Nabucco〉를 계기로 만난 소프라노 주세피나 스트렙포니Giuseppina Strepponi와 만나고 있었습니다. 하지만, 헌신적 후원자이자 장인이었던 안토니오 바렛치Antonio Barezzi에 대한 신의와 주위의 시선 때문에 선뜻 스트렙포니와의 사랑을 공개적으로 이어가지는 못하고 있던 상황이었습니다.

그런 상황에서 스트렙포니와 함께 순수한 사랑과 슬픈 운명을 다룬 연극을 본 베르디는 그들의 처지를 떠올렸는지 공연 내내 계속 눈물을 훔쳤다고 하며, 이 내용을 오페라로 만들기로 한 후 빠른 속도로 작업을 진행해 1853년 1월 〈일 트로바토레〉를 발표한 지 불과 두 달 만인 1853년 3월에 베네치아에서 처음 무대에 올렸습니다.

이 작품의 프리마 돈나인 비올렛타는 코르티잔courtesan인데, 코르티잔은 귀족이나 재력가들의 후원에 힘입어 사교계에 진출한 여인으로, 결혼과 연애가 공존했던 당시 유럽에서 사회적으로도 용인되고 당사자들에게는 상당한 사회적 출세를 의미했다고 합니다.

이 작품은 지금은 세계에서 가장 많이 공연되는 오페라 중 하나로서 널리 사랑받고 있지만, 초연 당시에는 이탈리아 오페라 역사상 가장 큰 실패작이라는 오명이 붙을 정도로 참담한 실패를 겪었다고 합니다. 당시 비올렛타 역을 맡은 소프라노(판니 살비니-도나텔리)가 결핵으로 죽는 청순한 이미지의 배역과 전혀 어울리지 않는 뚱뚱한 몸집의 소유자여서 관객들의 공감을 자아내지 못했다는 분석도 있지만, 그보다는 당시 오페라 전통과 달리 역사적 과거가 아닌 동시대를 작품 배경으로 설정했고, 코르티잔과 일반인 남성 간 사랑 이야기를 소재로 삼은 것을 관객들이 매우 부정적으로 받아들였다고 합니다.

주요 등장인물

비올렛타(코르티잔, 소프라노)

알프레도(순수한 청년, 테너)

조르쥬(알프레도의 아버지, 바리톤)

플로라(비올렛타의 친구, 메조소프라노)

가스통(알프레도의 지인, 테너)

두폴(남작, 바리톤)

시놉시스와 주요 아리아

제1막

비올렛타의 집에서 파티가 열리고 있습니다. 가스통의 소개로 파티에 처음 참석한 알프레도는 권주가를 불러달라는 다른 참석자들의 요청을 받고 사랑을 찬미하는 이 노래를 부릅니다. 그러자, 비올렛타가 알프레도의 노래를 받아 덧없는 사랑 대신 즐거움을 추구하자는 노래로 화답합니다.

알프레도, 비올렛타 : 축배의 노래(Libiamo)

(알프레도)

Libiamo, libiamo ne' lieti calici, che la bellezza infiora,
아름다움이 피어나는, 즐거움이 가득한 잔을 드시지요.

e la fuggevol, fuggevol ora s'inebri a voluttà.
즐거운 시간은 빨리 흘러가 버린답니다.

Libiam ne' dolci fremiti che suscita l'amore,
사랑이 선사하는 달콤한 전율을 위해 잔을 드시지요.

poichèquell'occhio al core onnipotente va!
사랑엔 눈이 가장 강력한 힘을 가지니까요!

Libiamo, amore, amor fra i calici piùcaldi baci avrà.
드시지요, 잔이 더 뜨거운 사랑의 입맞춤을 가져다줄 겁니다!

(전원)

Ah! Libiamo, amore, amor fra i calici piùcaldi baci avrà!
아! 드시지요, 잔이 더 뜨거운 사랑의 입맞춤을 가져다줄 겁니다!

(비올레타)

Tra voi, tra voi sapròdividere il tempo mio giocondo;
여러분들과 이 즐거운 시간을 함께하고 싶어요.

Tutto èfollia, follia nel mondo ciòche non èpiacer.
인생에서 즐거움을 빼면 모두 어리석은 것들이죠.

Godiam, fugace e rapido èil gaudio dell'amore;
빠르게 스쳐 지나가는 사랑의 희열을 즐기세요.

èun fior che nasce e muore, nèpiùsi puògoder!
그건 피었다가 시들어 더 이상 즐길 수 없는 꽃 같은 거거든요!

Godiam c'invita, c'invita un fervido accento lusinghier.
즐깁시다. 뜨겁고 흥겨운 매력이 우리를 부르고 있잖아요.

(전원)
Ah! Godiam la tazza, la tazza e il cantico la notte abbella e il riso;
이 밤을 아름답게 하는 술과 노래, 웃음을 즐깁시다.

In questo, in questo paradiso ne scopra il nuovo dì.
이 낙원에서 밤을 새며 새날을 맞이하십시다.

(비올렛타)
La vita ènel tripudio.
인생은 환희지요.

(알프레도)
Quando non s'ami ancora.
아직 사랑을 하지 않을 땐 그렇죠.

(비올렛타)
Nol dite a chi l'ignora.
그런 걸 모르는 사람에게는 말하지 마세요.

(알프레도)
Èil mio destin così.
제 운명이 그렇거든요.

Ah! si godiam la tazza, la tazza e il cantico la notte abbella e
il riso;
이 밤을 아름답게 하는 술과 노래, 웃음을 즐깁시다.

In questo, in questo paradiso ne scopra il nuovo dì.
이 낙원에서 밤을 새며 새날을 맞이하십시다.

(전원)
In questo, in questo paradiso ne scopra il nuovo dì.
이 낙원에서 밤을 새며 새날을 맞이하십시다.

다들 춤을 추기 위해 옆방으로 이동하는데, 비올렛타의 얼굴이 창
백해지더니 그만 힘을 잃고 의자에 주저앉습니다. 모두 옆방으로 이
동한 후에도 알프레도는 떠나지 않고 비올렛타를 진심으로 걱정하
면서, 이미 1년 전부터 비올렛타를 연모해 왔다고 이 노래를 부르
자, 비올렛타는 자신은 사랑을 모르는 사람이라며 그의 구애를 거
절합니다.

알프레도, 비올렛타 : 빛나고 행복했던 날
(Un dìfelice, eterea)

(알프레도)
Un di', felice, eterea, mi balenaste innante,
어느 빛나고 행복한 날, 당신이 내 앞에 나타났지요.

E da quel di' tremante vissi d'ignoto amor.
그리고 바로 그날부터 난 당신을 사랑했어요.

Di quell'amor ch'e' palpito dell'universo intero,
온 우주를 움직이게 하는 사랑

Misterioso, altero, croce e delizia al cor.
신비하고 고귀하며 마음의 십자가이자 즐거움인 사랑.

(비올렛타)
Ah, se ciòèver, fuggitemi,
아, 그게 사실이라면 내게서 떠나세요.

solo amistade io v'offro:
난 우정만 따르는 사람이에요.

Amar non so, ne' soffro un cosìeroico amor.
난 사랑을 모르고 당신의 그런 대단한 사랑은 받아들일 수 없어요.

Io sono franca, ingenua; altra cercar dovete,
난 솔직하고 담백한 사람이에요. 그러니 다른 사람을 찾으세요.

Non arduo troverete dimenticarmi allor.
당신이 날 잊는 건 어렵지 않을 거예요.

(알프레도)

Ah! amore, misterioso, altero, croce e delizia al cor.

아! 사랑, 신비하고 고귀하며 마음의 십자가이자 즐거움인 사랑.

(비올렛타)

Non arduo troverete dimenticarmi allor.

당신이 날 잊는 건 어렵지 않을 거예요.

비올렛타는 알프레도가 떠나려 하자 가슴에 달고 있던 동백꽃을 빼서 그에게 건네며, 꽃이 시들 때 돌려달라고 합니다. 알프레도는 내일 돌려주겠다고 행복해하며 비올렛타의 집을 나섭니다.

파티가 끝나고 모두 돌아간 후, 홀로 남은 비올렛타는 알프레도에게 미묘한 감정을 느끼고, 혹시 그가 자신에게 참사랑을 느끼게 해주는 사람일까 라고 생각하며 이 카바티나를 부릅니다.

비올렛타 : 이상하다, 이상해(Èstrano, èstrano)

Èstrano!⋯èstrano!

이상하다!⋯ 이상해!

in core scolpiti ho quegli accenti!

그의 말이 내 마음속에 자국으로 남아있네!

Sari'a per me sventura un serio amore?

내가 진지한 사랑을 하면 불행해질까?

Che risolvi, o turbata anima mia?
심란한 내 마음아, 넌 어떻게 생각하니?

Null'uomo ancora t'accendeva…
그 어떤 남자도 날 이렇게 타오르게 한 적이 없는데

O gioia! ch'io non conobbi, essere amata amando!
오 기쁨이야! 사랑하는 사람으로부터 사랑받는 기쁨을 예전에 몰
랐어!

E sdegnarla poss'io per l'aride follie del viver mio?
내가 이런 무미건조한 즐거움을 위해 사랑의 기쁨을 거부할 수 있
을까?

Ah, fors'èlui che l'anima solinga ne' tumulti, solinga ne'
tumulti,
아! 많은 사람들 가운데 내 마음에 남아있는 혹시 그이일까?

Godea sovente pingere de' suoi colori occulti, de' suoi colori
occulti!
신비로운 색깔로 그리며 즐거워했던!

Lui che modesto e vigile all'egre soglie ascese,
그이는 조용하고 세심하게 내 곁을 지키면서

E nuova febbre accese, destandomi all'amor!
내 열병을 사랑의 열정으로 바꾸어주었구나!

A quell'amor ch'èpalpito dell'universo intero,
사랑, 온 세상에 고동치는 그 사랑은

Misterioso, misterioso, altero,
신비해, 신비하고 고귀하고,

croce, croce e delizia, croce e delizia, delizia al cor,
마음의 십자가이자 즐거움이지, 십자가이자 즐거움.

croce e delizia, delizia al cor.
마음의 십자가이자 즐거움이야.

Ah! ~~~ delizia al cor.
아 ~~~ 즐거움이야.

　이 노래를 부른 후 비올렛타는 부질없는 사랑 따위는 잊어버리고 언제나 그랬듯이 자유롭게 살아가자면서 이어서 이 카발렛타를 부릅니다.

비올렛타 : 언제나 자유롭게(Sempre libera)

Follie! follie!
아니야, 어리석긴!

delirio vano èquesto!
그건 다 덧없는 바람이야!

Povera donna, sola, abbandonata in questo popoloso deserto
che appellano Parigi,
난 파리라 불리는 이 사람 많은 사막에 홀로 버려진 가련한 여인인데

che spero or più? che far degg'io?
지금 뭘 더 바라는 거야? 내가 뭘 해야 하지?

Gioire! di voluttànei vortici, di voluttàperire.
즐겨야지! 쾌락에 몸을 던지고 맘껏 즐겨야지!

Gioir! gioir!
즐겨야지, 즐기는 거야!

Sempre libera
언제나 자유롭게

degg'io folleggiar di gioia in gioia,
난 이 즐거움에서 다른 즐거움을 찾아다녀야 해.

Vo' che scorra il viver mio pei sentieri del piacer,
난 쾌락의 길을 걸으며 인생을 살고 싶어.

Nasca il giorno, o il giorno muoia,
매일 동이 트고 날이 지는 것처럼

sempre lieta ne' ritrovi a diletti sempre nuovi dee volare il mio
pensier.
난 항상 내 마음을 들뜨게 하는 새로운 즐거움을 찾아가는 거야.

dee volare, dee volare, dee volare il mio pensier.
내 마음을 날아오르게 하는

dee volare, dee volare il pensier.
내 마음을 들뜨게 하는 새로운 즐거움을.

(밖에서 알프레도의 목소리가 들려온다)
Amor, amor èpalpito… dell'universo, dell'universo, intero,
사랑, 사랑은 온 세상에 고동치는 숨결…

(비올렛타)
Oh! oh amore!
오! 오 사랑!

(밖에서 알프레도의 목소리가 계속 들려온다)
Misterioso, misterioso, altero, croce, croce e delizia, croce e
delizia, delizia al cor,
신비롭고, 손에 잡히지 않고, 마음의 즐거움이자 고통이야.

(비올렛타)
Follie! follie! follie!
아니야, 어리석긴! 어리석은 짓이야!

Gioir! gioir!
즐기자, 즐기는 거야!

Sempre libera
언제나 자유롭게

degg'io folleggiar di gioia in gioia,
난 이 즐거움에서 다른 즐거움을 찾아다녀야 해.

Vo' che scorra il viver mio pei sentieri del piacer,
난 쾌락의 길을 걸으며 인생을 살고 싶어.

Nasca il giorno, o il giorno muoia,
매일 동이 트고 날이 지는 것처럼

sempre lieta ne' ritrovi a diletti sempre nuovi dee volare il mio
pensier.
난 항상 내 마음을 들뜨게 하는 새로운 즐거움을 찾아가는 거야.

dee volare, dee volare, dee volare il mio pensier.
내 마음을 날아오르게 하는

dee volare, dee volare il pensier.
내 마음을 날아오르게 하는

dee volare, dee volare, ah! ah! ah! ah!
내 마음을 날아오르게 하는 새로운 즐거움을! 아! ~~~

dee volare, dee volare il pensier.
내 마음을 날아오르게 하는

dee volare, dee volare, ah! ah! ah! ah!
내 마음을 날아오르게 하는 새로운 즐거움을! 아! ~~~

dee volare il pensier, il mio pensier, il mio pensier, il mio
pensier
내 마음을, 내 마음을, 내 마음을 들뜨게 하는 새로운 즐거움을!

제2막

알프레도와 비올렛타는 이제 파리 근교의 작은 집에서 함께 지내
고 있습니다. 알프레도는 비올렛타와 함께 한 지난 3개월이 무척 즐
거웠다고 하면서, 마치 천국에서 살고 있는 기분이라고 행복에 겨워
이 아리아를 부릅니다.

알프레도 : 그녀에게서 멀어지면(Lunge da lei per me)

Lunge da lei per me non v'ha diletto!
그녀에게서 멀어지면 내겐 즐거움이 없네!

Volaron giàtre lune,
벌써 3개월이 흘렀구나,

dacche' la mia Violetta agi per me lasciòdovizie, onori,
e le pompose feste,
비올렛타가 날 위해 부와 사랑과 화려한 파티를 포기한 지도,

Ove, agli omaggi avvezza,
그곳에서는 사람들이 보내는 존경에 익숙했지.

Vedea schiavo ciascun di sua bellezza.
그녀는 모두가 그녀 아름다움의 노예라는 걸 알았지.

Ed or contenta in questi ameni luoghi tutto scorda per me.
이 쾌적한 곳에 만족한 그녀는 나를 위해 모든 걸 잊었어.

Qui presso a lei io rinascer mi sento,
그녀와 함께하는 이곳에서 난 다시 태어나는 것을 느껴.

E dal soffio d'amor rigenerato,
다시 찾은 사랑의 숨결 덕분에

scordo ne' gaudi suoi tutto il passato.
난 그녀와 환희 속에서 모든 과거를 잊었지.

de' miei bollenti spiriti il giovanile ardore
끓어오르는 내 마음에서 비롯된 이 젊은 열정을

Ella tempro' col placido sorriso dell'amore! dell'amore!
그녀는 평온한 사랑의 미소로 누그러뜨려 주었지.

Dal dìche disse: vivere io voglio a te fedel,
그녀가 내게만 충실하며 살고 싶다고 말한 이후로

Dell'universo immemore io vivo quasi in ciel.
난 그때부터는 거의 천국에서 살고 있어.

Dal dìche disse: vivere dell'universo immemore,
그렇게 말한 날부터, 그때부터

io vivo quasi in ciel.
난 거의 천국에서 살고 있어.

두 사람의 생활비 마련을 위해 비올렛타가 가지고 있는 물건들을 내다 팔고 있다는 사실을 알게 된 알프레도는 자신이 돈을 구하고자 파리로 갑니다. 그 사이, 알프레도의 아버지 조르쥬가 집으로 비올렛타를 찾아옵니다. 조르쥬는 그녀의 과거를 언급하면서 지금 자신의 딸이 혼사를 앞두고 있으니, 자기 가족을 위해 아들 알프레도와 헤어져 달라고 이 노래를 부르며 요청합니다.

조르쥬 : 내겐 천사 같은 딸이 있다네
(Pura siccome un angelo)

Pura siccome un angelo Iddio mi die' una figlia;
하느님께서 내게 천사 같은 딸을 주셨다네.

Se Alfredo nega riedere in seno alla famiglia,
만일 알프레도가 가족의 품으로 돌아오는 걸 거부한다면

L'amato èamante giovane, cui sposa andar dovea,
내 딸이 결혼할 예정인 젊은 연인은

Or si ricusa al vincolo che lieti ne rendea.
행복한 결혼을 거부하겠다고 하네.

Deh, non mutate in triboli le rose dell'amor.
사랑의 장미를 시련으로 바꾸지 말아 줘요.

Ah! non mutate in triboli le rose dell'amor.
아, 사랑의 장미를 시련으로 바꾸지 말아 줘요.

Ai preghi miei resistere non voglia il vostro cor.
아가씨 마음이 내 바람에 저항하지 않기를 바래요.

(비올렛타)
Ah! comprendo dovròper alcun tempo da Alfredo allontanarmi
아, 한동안 알프레도로부터 떨어져 있어야 한다는 걸 이해합니다.

doloroso fora per me pur…
고통스럽지만 그렇게…

(조르쥬)
Non èciòche chiedo.
내가 부탁하는 건 그게 아닐세.

(비올렛타)
Cielo, che piùcercate? offersi assai!
맙소사, 그럼 뭘 더 바라시는 건가요? 전 이미 많이 희생했는데요.

(조르쥬)
Pur non basta.
그걸로는 부족하네.

(비올렛타)
Volete che per sempre a lui rinunzi?
그럼 그와 영영 헤어지는 걸 바라시는 건가요?

(조르쥬)
È d'uopo!
그렇네!

(비올렛타)
Ah, no giammai! No, mai!
아, 안돼요. 그건 절대 안됩니다. 그건 안돼요!

Non sapete quale affetto vivo, immenso m'arda in petto?
제 가슴 속에서 커다란 사랑이 불타오르고 있는 건 모르시나요?

Che ne' amici, ne' parenti io non conto tra i viventi?
제가 친구도, 부모도 없이 외롭게 살아온 것도 모르시죠?

E che Alfredo m'ha giurato che in lui tutto io troverò?
그리고 알프레도가 제게 저의 모든 것이 되겠다고 맹세한 것도 모
르시죠?

Non sapete che colpita d'altro morbo è la mia vita?
제 삶이 얼마나 아픈지도 모르시죠?

Che già presso il fin ne vedo?
제 삶이 거의 끝나가고 있는 건요?

Ch'io mi separi da Alfredo?
저에게 알프레도와 헤어지라구요?

Ah, il supplizio èsi spietato, il supplizio èsi spietato,
아, 너무 가혹한 고문입니다. 너무 가혹한 고문이에요.

Che morir preferirò.
차라리 죽는 편이 나을 것 같아요.

Si morir preferirò, morir preferirò.
차라리 죽는 게 나아요.

Ah! ~ ~ preferiròmorir.
아! ~~~ 차라리 죽는 게 낫습니다.

비올렛타의 애원에도 불구하고 조르쥬는 비올렛타에게 헛된 꿈을 버리고 그의 가족을 축복하는 천사가 되어 달라며 헤어질 것을 종용합니다. 가련한 운명을 받아들이기로 한 비올렛타는 불쌍한 한 여인의 희생이 있었다는 사실을 딸에게 전해달라며 슬픈 눈물을 흘리고, 조르쥬는 그녀를 진심으로 위로합니다.

알프레도와 헤어질 결심을 한 비올렛타는 파리로 떠나는 길에 이별을 알리는 편지를 알프레도에게 보냅니다. 알프레도가 집에서 비올렛타의 편지를 받아본 순간, 조르쥬는 알프레도 앞에 나타나 이 아리아를 부르며 고향 프로방스로 돌아가자고 아들을 설득합니다.

조르쥬 : 프로방스의 바다와 육지
(Di Provenza il mar il suol)

Di Provenza il mar, il suol chi dal cor ti cancellò?
프로방스의 바다와 육지를 누가 네 마음에서 지워버린 게냐?

Chi dal cor ti cancellòdi Provenza il mar, il suol?
누가 네 마음에서 프로방스의 바다와 육지를 지워버린 거야?

Al natio fulgente sol qual destino ti furò?
네 아름다운 고향의 눈부신 태양을 어떤 운명이 네게서 빼앗아 간
게냐?

Qual destino ti furòal natio fulgente sol?
어떤 운명이 네 아름다운 고향의 눈부신 태양을 네게서 빼앗아 간
거야?

Oh, rammenta pur nel duol ch'ivi gioia a te brillò;
오, 슬픔 속에서도, 널 빛나게 하던 기쁨은 잊지 말아라.

E che pace colàsol su te splendere ancor può!
오직 그곳에서만 네가 평온을 느낄 거라는 것도 잊지 말고!

Dio mi guidò! Dio mi guidò! Dio mi guidò!
신이 날 인도하셨어! 신이 날 인도하신 거야! 신이 날 인도하신 거
라고!

Ah! il tuo vecchio genitor tu non sai quanto soffrì!
아! 이 늙은 애비가 얼마나 힘들었는지 넌 모를 게다.

Tu non sai quanto soffrìil tuo vecchio genitor!
넌 모를 거야, 이 늙은 애비가 얼마나 고통받았는지!

Te lontano, di squallor il suo tetto si coprì
네가 멀리 떠나있는 사이, 우리 집이 얼마나 비참했는지,

il suo tetto si coprìdi squallor, di squallor.
우리 집이 얼마나 비참했는지.

Ma se alfin ti trovo ancor, se in me speme non fallì,
하지만 마침내 널 다시 찾았으니 내 마음속 희망이 헛되지 않았구나.

Se la voce dell'onor in te appien non ammutì,
그 영광의 목소리가 네게 닿은 게야.

Ma se alfin ti trovo ancor, se in me speme non fallì,
하지만 마침내 널 찾았으니 내 마음 속 희망이 헛되지 않았어.

Dio m'esaudì! Dio m'esaudì!
신께서 내 말씀을 들어주신 게야! 신께서 들어주신 거야!

Dio m'esaudì! Dio m'esaudì!
신께서 들어주신 게야! 신께서 내 말씀을 들으신 거라구!

Ma se alfin ti trovo ancor,
하지만 마침내 널 찾았으니,

Dio m'esaudì! Dio m'esaudì!
신께서 내 말씀을 들어주신 게야! 신께서 들어주신 거야!

책상 위에서 플로라가 비올렛타를 파티에 초청한 편지를 발견한 알프레도는 그녀가 플로라의 집으로 갔다고 생각하고 플로라의 집으로 향합니다. 플로라의 집에서 파티가 열리고 있습니다. 알프레도는 카드 게임판에 자리를 잡는데, 그때 비올렛타가 두폴 남작과 함께 들어 옵니다.

알프레도는 카드 게임에서 계속 돈을 따는데, 그가 신경 쓰이는 두폴 남작이 그에게 카드 게임을 하자고 제안하고 알프레도는 그의 제안을 받아들입니다. 결과는 알프레도의 연전연승. 계속 돈을 잃은 남작은 그만하자고 하고는 나중에 복수하겠다고 말합니다.

카드 게임이 끝나고 모두 저녁을 먹으러 간 사이, 비올렛타가 알프레도에게 잠깐 보자고 합니다. 비올렛타는 알프레도에게 이곳은 위험하니 어서 떠나라고 하는데, 알프레도는 함께 떠나자고 합니다. 비올렛타는 지켜야 할 약속이 있어 그와 함께 떠날 수 없다고 하는데, 알프레도는 두폴과의 약속이냐고 묻습니다. 비올렛타가 그렇다고 거짓 답변을 하자, 알프레도는 그를 사랑하느냐고 묻는데, 비올렛타가 그렇다고 답하자 알프레도는 흥분합니다.

알프레도는 사람들을 모두 불러 모은 후, 그간 비올렛타가 자신을 위해 많은 돈을 썼는데 이제 그녀에게 빚을 갚고자 하니 모두 증인이 되어달라며 오늘 카드 게임에서 딴 돈을 모두 비올렛타의 얼굴에 뿌려버립니다.

이때 조르쥬가 나타나 알프레도를 힐책하고, 비올렛타가 자신과의 약속을 지키기 위해 이 상황을 감당하고 있음을 알아차립니다. 알프레도는 알프레도대로 자신의 행동을 후회하고, 비올렛타는 비올렛타대로 알프레도를 향한 깊은 사랑을 노래합니다.

제3막

병세가 악화된 비올렛타는 침실에서 조르쥬가 보내온 편지를 읽기 시작합니다. 그녀가 약속을 지켜준 데 대해 감사를 표하고, 알프레도에게 비올렛타의 희생을 사실대로 알렸더니 알프레도가 그녀에게 용서를 구하기 위해 당장 간다고 했고 자신도 곧 가겠다는 내용입니다.

자신에게 남은 시간이 많지 않다는 것을 느낀 비올렛타는 이제 너무 늦었다며 즐거웠던 지난날을 회상하는 이 아리아를 부릅니다.

비올렛타 : 지난 날이여, 안녕(Addio del passato)

Addio del passato bei sogni ridenti!
아름답고 즐거웠던 지난날의 꿈이여, 안녕!

Le rose del volto giàson pallenti;
장밋빛이던 얼굴은 이제 창백해지고

L'amore d'Alfredo pur esso mi manca,
알프레도의 사랑마저도 이젠 내게 없구나.

Conforto, sostegno dell'anima stanca.
이 지친 영혼에 위로와 힘을 주세요.

Conforto, sostegno, ah! della traviata sorridi al desìo;
이 불쌍한 여인의 바람에 웃음을 보여주세요,

A lei, deh, perdona, tu accoglila, o Dio!
오 신이여, 절 용서하시고 받아주세요!

Ah! tutto, tutto finì, or tutto, tutto finì,
아! 모든 것이 끝났네, 이제 모든 게 끝났어.

Le gioie, i dolori tra poco avràn fine,
이 환희, 이 고통도 조금 있으면 다 끝나겠지.

La tomba ai mortali di tutto èconfine!
죽음이 가까워졌어!

Non lagrima o fiore avràla mia fossa.
내 무덤에는 눈물도 꽃도 없겠지.

Non croce col nome che copra quest'ossa!
이 앙상한 여인의 이름을 새긴 십자가도 없을 거야!

non croce… no fior, ah!
십자가도… 꽃도 없겠지, 아!

della traviata sorridi al desìo;
제 바람에 웃음을 보여주세요,

A lei, deh, perdona, tu accoglila, o Dio!
오 신이여, 저를 용서하시고 받아주세요!

Ah! tutto, tutto finì, or tutto, tutto finì!
아! 모든 것이 끝났네, 이제 모든 게 끝났어!

　　마침내 알프레도가 비올렛타를 찾아옵니다. 그는 비올렛타에게 용서를 구하며, 다시 자신과 함께 파리를 떠나 시골로 가서 살자며 이 아리아를 부릅니다.

알프레도, 비올렛타 : 파리를 떠나서
(Parigi, o cara, noi lasceremo)

(알프레도)
Parigi, o cara, noi lasceremo,
오 내 사랑, 파리를 떠납시다.

La vita uniti trascorreremo:
우리 삶을 함께합시다.

De' corsi affanni compenso avrai,
우린 지난 고통에 대한 보상을 받게 될 거요.

La tua salute rifiorirà.
당신의 건강은 다시 꽃 필 거요.

Sospiro e luce tu mi sarai,
당신은 내게 한숨이자 빛이 될 거요.

Tutto il futuro ne arriderà.
모든 미래가 우리에게 미소 지을 거요.

(비올렛타)
Parigi, o cara, noi lasceremo,
오, 내 사랑, 파리를 떠나요.

La vita uniti trascorreremo:
우리 삶을 함께해요.

De' corsi affanni compenso avrai,
우린 지난 고통에 대한 보상을 받게 될 거예요.

La mia salute rifiorira'.
제 건강은 다시 꽃 피겠지요.

(둘이 함께)
Sospiro e luce tu mi sarai,
당신은 내게 한숨이자 빛이 될 거예요.

Tutto il futuro ne arriderà.
모든 미래가 우리에게 미소 지을 거예요.

뒤이어 조르쥬도 도착합니다. 조르쥬는 비올렛타를 며느리로 받아들이겠다고 하지만, 비올렛타는 너무 늦었다면서 사랑하는 사람들 품에서 죽게 되어 행복하다고 말합니다.

비올렛타는 자신의 옛 사진이 담긴 메달을 알프레도에게 건네면서 그를 그토록 사랑했던 여인을 기억해달라고 부탁합니다. 그리고는 훗날 사랑하는 사람이 생겨 결혼하게 되면, 이 사진 속 여인이 하늘에서 천사가 되어 그녀와 알프레도를 위해 기도하고 있다고 말해 달라고 합니다.

알프레도와 조르쥬, 의사와 하녀가 지켜보는 가운데, 비올렛타는 이상하게 고통이 사라지고 다시 힘이 나서 살아날 것 같다고 짧게 행복을 느낀 후, 소파 위로 쓰러져 안타깝게 숨을 거두고 맙니다.

축배의 노래(Libiamo)

비올렛타의 살롱에서 열린 파티에 처음 참석한 알프레도가 권주가를 불러달라는 참석자들의 요청을 받고 사랑을 찬미하는 1절을 부르고, 이어 비올렛타가 덧없는 사랑 대신 즐거움을 추구하자는 2절로 화답하는 곡

빛나고 행복했던 날(Un dìfelice, eterea)

알프레도가 그간 비올렛타를 연모했다며 자신의 마음을 전하자, 비올렛타가 자신은 사랑을 모르는 사람이니 잊어달라며 알프레도의 구애를 거절하는 곡

이상하다, 이상해(Èstrano, èstrano)

비올렛타가 알프레도에게 미묘한 감정을 느끼고, 그가 혹시 자신에게 참사랑을 느끼게 해주는 사람일까라고 혼자 생각하며 부르는 카바티나

언제나 자유롭게(Sempre libera)

비올렛타가 부질없는 사랑 따위는 잊어버리고 언제나 그랬듯이 자유롭게 살아가자면서 부르는 카발렛타

그녀에게서 멀어지면(Lunge da lei per me)

알프레도가 비올렛타와 함께 한 지난 3개월이 무척 즐거웠다고 하면서, 마치 천국에서 살고 있는 기분이라고 행복에 겨워 부르는 곡

내겐 천사 같은 딸이 있다네(Pura siccome un angelo)

조르쥬가 비올렛타에게 자신의 딸이 지금 혼사를 앞두고 있으니, 자신의 가족을 위해 아들 알프레도와 헤어져 달라고 요청하는 곡

프로방스의 바다와 육지(Di Provenza il mar il suol)

알프레도가 비올렛타에게 빠져 파리에 머무르자, 조르쥬가 알프레도에게 고향 프로방스 가족의 추억을 들려주면서 고향으로 돌아가자고 설득하는 곡

지난 날이여, 안녕(Addio del passato)

병세가 심해진 비올렛타가 자신이 남은 시간이 별로 없는 상황에서 사랑했던 알프레도마저 자신을 떠나버렸다는 비탄 속에 부르는 곡

파리를 떠나서(Parigi, o cara, noi lasceremo)

재회한 알프레도와 비올렛타가 파리를 떠나 시골로 가서 함께 할 행복한 미래를 꿈꾸며 노래하는 2중창

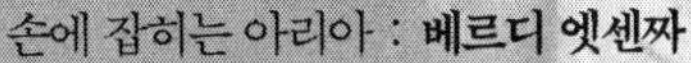

04
–
가면무도회
Un Ballo in Maschera

L'Essenza dell'opera di Giuseppe Verdi

<h1 style="text-align:center">개요</h1>

이 작품은 1792년 3월 스웨덴의 계몽군주 구스타프 3세Gustav III (1746-1792)국왕이 스톡홀름 오페라극장에서 개최된 가면무도회에서 측근인 앙카르스트룀 백작에 의해 암살된 역사적 사건에 일부 픽션을 가미해 만든 작품으로 베르디의 21번째 오페라입니다.

프랑스의 유명 극작가 외젠 스크리브Eugène Scribe는 이 암살 사건을 소재로 1833년 〈구스타프 3세〉라는 제목의 희곡을 발표했는데, 베르디는 이 희곡을 기초로 대본작가 안토니오 솜마Antonio Somma와 호흡을 맞추어 또 하나의 명작 오페라를 만들어낸 것입니다.

이 작품은 당초 베르디가 나폴리 극장으로부터 작곡을 의뢰받고 1857년 〈구스타프 3세〉라는 제목으로 작곡을 마쳤는데, 극장 측이 국왕 암살이라는 정치적으로 민감한 소재를 다루고 있는 데다 실제 1858년 1월 펠리체 오르시니Felice Orsini라는 이탈리아인이 오스트리아와 친한 프랑스의 나폴레옹 3세를 암살하려는 시도까지 발생하자, 검열 당국의 요구조건을 이유로 베르디에게 여러 가지 수정을 요청했다고 합니다.

결국 당초 추진했던 나폴리 초연 계획은 취소되었고, 작품 제목을 〈구스타프 3세〉에서 〈가면무도회〉로, 작품의 배경을 1792년 스웨덴 스톡홀름에서 17세기 영국 지배 하의 미국 보스턴으로, 주인공인 구스타프 3세 스웨덴 국왕을 리까르도 보스턴 총독으로 각각 수정한 후 1859년 2월 로마에서 초연되었습니다. 현재 전 세계적으로 스톡홀름을 배경으로 하는 스톡홀름 판과 보스턴을 배경으로 하는 보스턴 판이 공히 공연되고 있습니다.

이 작품에서는 레나토의 칼에 찔린 구스타보 3세 국왕이 모든 이들을 사면하고 멋진 모습으로 숨을 거두지만, 실제 역사에서는 구스

타프 국왕이 3월 16일 앙카르스트뢲 백작의 총을 맞고 쓰러져 13일
후인 3월 29일 별세했으며, 암살범인 앙카르스트뢲 백작은 재판에
부쳐져 4월 27일 교수형을 당했습니다.

주요 등장인물

구스타보 3세(국왕, 테너/보스턴 판에서는 리까르도)

아멜리아(레나토의 부인, 소프라노)

레나토(국왕의 최측근, 바리톤)

오스카르(국왕의 시동, 레제로 소프라노, 바지 역할)

울리카(점쟁이, 콘트랄토)

호른, 리빙(귀족, 베이스/사무엘, 토마소)

시놉시스와 주요 아리아

제1막

구스타보(구스타프의 이탈리아어 표기) 국왕은 시동인 오스카르
로부터 다음날 저녁 왕궁에서 열리는 가면무도회 참석자 명단을 보
고받는데, 명단에 자신이 사랑하는 아멜리아가 포함되어 있자, 내
일 그녀를 다시 볼 수 있다는 기쁨에 겨워 이 아리아를 부릅니다.

구스타보 : 황홀한 마음으로 그녀를 다시 보겠구나
(La rivedrà nell' estasi)

La rivedrà nell'estasi raggiante di pallore,
희망으로 빛나는 황홀한 마음으로 그녀를 다시 보겠구나.

e qui sonar d'amore la sua parola, la sua parola udrà.
그녀의 말은, 그녀의 말은 이곳에서 사랑의 소리로 들리겠지.

O dolce notte, scendere tu puoi gemmata a festa…
오 달콤한 밤이여, 보석처럼 축제의 장으로 내려오렴…

Ma la mia stella è questa, che il ciel non ha! Quest'è mia stella!
하지만 내 별은 그녀, 하늘에 있지 않아! 내 별은 바로 그녀거든!

Ah! e qui sonar d'amore la sua parola udrà.
아! 이곳에서 그녀의 말을, 사랑의 소리를 듣게 될 거야!

La sua parola udrà, la sua parola udrà, sonar d'amore la sua parola udrà.
그녀의 말, 그녀의 말, 그녀의 사랑의 소리를 듣게 될 거야!

　다른 신하들이 모두 물러간 후, 국왕의 최측근인 레나토가 들어오는데, 국왕은 아멜리아의 남편인 레나토가 오는 것을 보고 흠칫 놀랍니다.

　이 모습을 본 레나토는 국왕이 최근 시중에 돌고 있는 국왕 시해 음모 소문을 듣고 심란해하는 것으로 생각하고, 이 아리아로 국왕에 대한 자신의 진심 어린 충정을 노래합니다.

레나토 : 전하께 미소짓는 삶은(Alla vita che t'arride)

Alla vita che t'arride di speranze e gaudio piena,
희망과 기쁨으로 가득 찬 전하께 삶은 미소 짓지만

d'altre mille e mille vite il destino s'incatena!
전하의 운명에는 수많은 이들의 목숨이 달려 있습니다.

Te perduto, te perduto, ov'è la patria col suo splendido
avvenir?
전하를 잃으면, 전하를 잃으면, 찬란한 미래를 가진 우리 조국은 어
디에 있겠습니까?

E sarà dovunque, sempre chiuso il varco alle ferite⋯
전하를 해치고자 할 가능성이 언제 어디서나 없겠습니까⋯

perché scudo del tuo petto è del popolo l'affetto?
백성들의 사랑이 전하를 지키는 방패라고 해서?

Dell'amor più desto è l'odio le sue vittime a colpir.
사랑보다 증오가 희생자를 만듭니다.

Te perduto, te perduto, ov'è la patria col suo splendido
avvenir?
전하를 잃으면, 전하를 잃으면, 찬란한 미래를 가진 우리 조국은 어
디에 있겠습니까?

Dell'amor più desto è l'odio le sue vittime a colpir.
사랑보다 증오가 희생자를 만듭니다.

Te perduto, ov'è la patria, te perduto, ov'è la patria,
전하를 잃으면, 조국은 어디에, 전하를 잃으면,

col suo splendido avvenir, col suo splendido avvenir?
찬란한 미래, 찬란한 미래를 가진 우리 조국은 어디에 있겠습니까?

잠시 후, 대법관이 들어와 요즘 울리카라는 집시 점쟁이가 사악한 점괘로 사람들을 현혹하고 있다면서, 구스타보 국왕에게 그녀를 추방하는 문서에 서명해 달라고 건의합니다.

그러자, 국왕은 옆에 있던 시동 오스카르의 생각을 물어보는데, 오스카르는 울리카가 상당히 용한 것으로 안다면서, 이 아리아로 추방 위기에 처한 울리카를 적극 변호합니다.

오스카르 : 그녀가 별을 바라볼 때면
(Volta la terrea fronte le stelle)

Volta la terrea fronte alle stelle, come sfavilla la sua pupilla,
그녀가 별을 바라볼 때면, 그녀의 눈동자는 빛나죠.

Quando alle belle il fin predice mesto o felice dei loro amor!,
mesto o felice dei loro amor!
아름다운 이들에게는 그들 사랑의 끝이 슬플지 행복할지, 슬플지 행복할지를 예언해 주지요!

È con Lucifero d'accordo ognor!
그녀는 항상 악마와 생각이 같아요.

È con Lucifero d'accordo ognor!
그녀는 항상 악마와 생각이 같아요.

d'accordo ognor! d'accordo ognor!
늘 생각이 같아요, 늘 같아요!

Chi la profetica sua gonna afferra,
누구든 그녀의 예언 치마를 붙잡는 사람은

o passi'l mare, voli alla guerra,
바다를 항해하는 사람이든, 전쟁에 나가는 사람이든,

le sue vicende soavi, amare
달콤한 일이든, 쓰라린 일이든

da questa apprende nel dubbio cor.
그녀에게서 알게 되지요.

da questa apprende nel dubbio cor.
그녀에게서 알게 돼요.

È con Lucifero d'accordo ognor.
그녀는 항상 악마와 생각이 같지요.

È con Lucifero d'accordo ognor.
그녀는 항상 악마와 생각이 같아요.

d'accordo ognor! d'accordo ognor!
늘 생각이 같아요, 늘 같아요!

국왕은 자신이 직접 울리카의 신통력을 알아봐야겠다고 하면서, 신하들에게 모두 변장하고 오후 3시에 울리카의 점집으로 오라고 하면서, 오스카르에게 자신에게는 어부 복장을 가져다 달라고 지시합니다.

그날 오후 울리카의 점집에서, 울리카는 자신에게 마법의 힘이 깃들게 해달라고 어둠의 왕에게 이 묵직한 아리아를 부르며 기도합니다.

울리카 : 어둠의 왕이시여(Re dell'abisso)

Re dell'abisso, affrèttati, precipita per l'etra,
어둠의 왕이시여, 서둘러 제 집으로 들어오소서.

senza libar la folgore il tetto mio penètra.
바람을 뚫고 번개를 품은 채.

Omai tre volte l'upupa dall'alto sospirò,
저 높은 곳에서 부엉이가 세 번 울었고

la salamandra ignivora tre volte sibilò,
불을 먹는 도롱뇽이 세 번 쉭쉭거렸으며,

e delle tombe il gemito tre volte a me parlò.
무덤 속에서 신음 소리가 세 번 제게 말을 걸었습니다.

il gemito tre volte a me parlò, tre volte a me, a me parlò.
신음 소리가 세 번 제게, 세 번 제게 말을 걸었습니다.

È lui, è lui!
마왕이 오셨다! 그분이야!

ne' palpiti come risento adesso
두근거리는 마음으로 그분을 영접하니

la voluttà riardere del suo tremendo amplesso!
내 관능이 불타오르는구나.

La face del futuro nella sinistra egli ha.
그분의 왼손에 미래의 모습이 들려있네.

M'arrise al mio scongiuro, rifolgorar la fa.
그분은 내 주문에 응답해 그 모습이 빛나게 하시네.

Nulla, più nulla ascondersi al guardo mio potrà!
아무것도, 내 눈에는 아무것도 숨기지 못할 거야!

Nulla, più nulla ascondersi al guardo mio potrà!
아무것도, 내 눈에는 아무것도 숨기지 못해!

Silenzio! silenzio!
조용히! 조용히!

　울리카의 점집에 먼저 도착한 구스타보는 울리카가 점을 보는 장면을 몰래 지켜보는데, 놀랍게도 아멜리아가 울리카 앞에 나타납니다. 아멜리아는 사랑의 고통을 호소하면서, 그 고통에서 벗어날 수 있도록 해달라고 울리카에게 도움을 청합니다.

울리카는 시 외곽 사형장에 마법의 약초가 자라고 있는데 이 약초를 늦은 밤 그녀의 손으로 직접 캐서 먹으면 고통에서 벗어날 수 있다고 알려줍니다. 아멜리아는 오늘 밤 약초를 캐러 가겠다며 점집을 나서고, 두 사람의 대화를 몰래 엿들은 구스타보는 오늘 밤 그녀를 따라 사형장에 갈 생각을 합니다.

아멜리아가 점집을 떠난 후 신하들이 모두 도착하자, 구스타보는 울리카에게 자신은 어부인데 이번에 순탄한 항해를 할 수 있을지 점괘를 알려달라며 이 아리아를 부릅니다.

구스타보 : 순한 파도가 날 기다리고 있는지 말해주오
(Di' tu se fedele)

Di' tu se fedele il flutto m'aspetta,
순한 파도가 날 기다리고 있는지 말해주시게.

se molle di pianto la donna diletta
사랑하는 여인이 내게 눈물을 흘리며

dicendomi addio tradì l'amor mio, tradì l'amor mio.
이별을 고하면서 내 사랑을 배신하지는 않을지도 알려주고.

Con lacere vele e l'alma in tempesta,
거친 항해와 심란한 마음 속에서

i solchi so franger dell'onda funesta,
사나운 파도에 부서져도,

l'averno ed il cielo irati sfidar.
하늘의 노여움을 이겨낼 거야.

Sollecita esplora, divina gli eventi: non possono i fulmin, la
rabbia de' venti, la morte, l'amore sviarmi dal mar.
번개도, 분노에 찬 바람도, 죽음도, 사랑도 나를 바다에서 멀어지게
하지는 못할 거야.

Non possono i fulmin, la rabbia de' venti, la morte, l'amore
sviarmi dal mar.
번개도, 분노에 찬 바람도, 죽음도, 사랑도 나를 바다에서 멀어지게
하지는 못할 거야.

Sull'agile prora che m'agita in grembo,
흔들리는 뱃머리 위에서

se scosso mi sveglio ai fischi del nembo,
돌풍 소리에 잠에서 깨어나

ripeto fra' tuoni le dolci canzoni, le dolci canzoni,
천둥 아래에서 감미로운 노래, 감미로운 노래를 계속 부르네.

Le dolci canzoni del tetto natìo, che i baci ricordan dell'ultimo
addio,
달콤한 노래를 부르면서, 입맞춤은 마지막 작별과

e tutte raccendon le forze del cor, e tutte raccendon le forze del cor.
모든 마음의 힘을, 모든 마음의 힘을 상기시키네.

Su dunque, risuoni la tua profezia, di ciò che può sorger dal fato qual sia…
이제 그게 무엇이든, 내 운명에서 무슨 일이 일어날지 말해주시게.

Nell'anime nostre non entra il terror.
우리들 마음속에 두려움은 없으니까.

Nell'anime nostre non entra il terror.
우리들 마음속에 두려움은 없으니 말일세.

울리카는 구스타보의 손금을 보는데, 깜짝 놀라면서 점괘를 말하는 대신 빨리 나가라고 말합니다. 궁금해진 구스타보가 점괘를 빨리 알려달라고 재촉하자, 울리카는 주저하다가 그가 오늘 처음 손을 잡는 친구의 손에 죽게 되어 있다는 불길한 예언을 내놓습니다. 구스타보는 엉터리 점괘라고 치부하며 주변의 신하들에게 손을 내미는데 모두 그의 손을 피합니다.

그때 마침 점집에 레나토가 늦게 도착합니다. 레나토가 일행에게 다가오자, 구스타보가 반기며 손을 내밀고 레나토가 덥석 그의 손을 잡습니다. 구스타보는 레나토는 가장 믿는 친구이니 그 점괘는 거짓이라면서도 복채를 주자, 울리카는 구스타보에게 일행 중에 배신자가 있다고 거듭 경고합니다.

제2막

그날 밤, 울리카가 말해준 마법의 약초를 캐기 위해 늦은 밤 시 외곽 사형장에 도착한 아멜리아는 약초를 캐서 먹으면 이 괴로운 사랑에서 벗어날 수 있겠지만, 그럼 내겐 무엇이 남을까? 라고 한탄하며 신에게 도움을 청하는 이 아리아를 부릅니다.

아멜리아 : 메마른 가지에서(Ma dall'arido stelo)

Ma dall'arido stelo divulsa come avrò di mia mano quell'erba,
하지만 메마른 가지에서 어떻게 내 손으로 그 약초를 캐지?

e che dentro la mente convulsa quell'eterea sembianza morrà,
쓰라린 내 마음속에서 그 천상의 모습은 사라지겠지.

che ti resta, perduto l'amor…
사랑을 잃어버린 네겐 그럼 무엇이 남지?

che ti resta, mio povero cor!
불쌍한 영혼, 네겐 그럼 무엇이 남는 거야!

Oh! chi piange, qual forza m'arretra,
오! 어떤 힘이 우는 나를 그치게 할까,

m'attraversa la squallida via?
어떤 힘이 내가 이 힘든 길을 건너도록 해줄까?

Su corraggio… e tu fàtti di pietra,
자, 용기를 내자… 돌처럼 단단히 마음 먹어야 해.

Non tradirmi, dal pianto ristà,
절 배신하지 말아 주세요, 제 눈물을 멈추게 해주세요.

o finisci di battere e muor,
그렇지 않으면 심장이 멈춰 죽어버릴 거예요.

t'annienta, mio povero cor!
결단을 내려야 해, 내 가련한 마음아.

(자정을 알리는 종소리가 들린 후)

Mezzanotte!… Ah! che veggio?
자정이네, 아! 저건 뭐지?

Una testa di sotterra si leva… e sospira!
해골, 해골이 땅속에서 올라오네.

Ha negli occhi il baleno dell'ira e m'affisa e terribile sta!
저들의 눈 속에 분노의 불빛이 타오르고, 무섭게, 너무도 무섭게 날
노려보고 있어.

e m'affisa, e m'affisa e terribile sta!
무섭게, 너무도 무섭게 날 노려보고 있어.

Deh! mi reggi, m'aita, o Signor,
아! 신이시여, 절 붙잡아주세요. 절 도와주세요.

miserere d'un povero cor!
신이시여, 이 가련한 마음에 자비를 베풀어주세요.

m'aita, o Signor,
신이시여, 절 도와주세요.

miserere, miserere~~~ miserere d'un povero cor!
신이시여, 이 가련한 마음에 자비를 베풀어주세요.

아멜리아의 뒤를 따라 몰래 사형장에 온 구스타보는 아멜리아 앞
에 나타나 마음속 깊은 사랑을 고백합니다. 아멜리아는 자신은 레나
토의 부인이라며 마음을 내주지 않으려 하지만, 결국 두 사람은 서
로에 대한 애타는 마음을 확인하고, 이 절절한 2중창을 노래합니다.

구스타보, 아멜리아 : 내가 그대 곁에 있소(Teco io sto)

(구스타보)
Teco io sto!
내가 그대 곁에 있소!

(아멜리아)
Gran Dio!
맙소사!

(구스타보)
Ti calma. Di che temi?
진정하시오. 무엇을 두려워하시오?

(아멜리아)
Ah, mi lasciate!
아, 저를 내버려두세요.

Son la vittima che geme.
저는 고통받고 있는 희생자예요.

Il mio nome almen salvate,
최소한 제 이름은 지켜주세요.

o lo strazio ed il rossore la mia vita abbatterà.
그렇지 않으면 고통과 부끄러움이 제 삶을 망가뜨릴 거예요.

(구스타보)
Io lasciarti? No, giammai⋯
당신을 내버려두라고? 안돼요, 결코!

Nol poss'io; che' m'arde in petto immortal di te l'affetto.
그럴 순 없소, 내 가슴은 당신에 대한 영원한 사랑으로 불타고 있는데.

(아멜리아)
Signor, abbiatemi pietà, pietà.
구스타보, 저를 가엾게 여겨주세요.

(구스타보)
Così parli a chi t'adora?
당신을 사랑하는 사람에게 그렇게 말하는 거요?

pietà chiedi e tremi ancora?
자비를 구하고 아직도 두려워하고 있는 거요?

Il tuo nome intemerato, l'onor tuo sempre sarà.
당신의 정결한 이름은 언제나 명예롭게 남을 것이오.

(아멜리아)
Ma, Gustavo, io son d'altrui……
하지만, 구스타보, 저는 다른 남자의…

dell'amico più fidato ….
당신의 가장 충실한 친구의…,

(구스타보)
Taci, Amelia,
그만, 아멜리아,

(아멜리아)
Io son di lui, che daria la vita a te…
저는 당신을 위해 목숨을 바칠 친구의 사람이에요.

(구스타보)
Ah crudele, e mel rammemori, lo ripeti innanzi a me!
아, 잔인한 사람, 그 사실을 내게 반복해 상기시키다니!

Non sai tu che se l'anima mia il rimorso dilacera e rode,
내 가슴이 찢어지고 가책으로 괴로워하는 걸 모르는 거요?

quel suo grido non cura, non ode, sin che l'empie di fremiti amor?
사랑으로 가득 찬 내 절규는 신경 쓰지도, 들리지도 않는 거요?

Non sai tu che di te resteria, se cessasse di battere il cor!
내 심장이 멈추더라도 당신과 함께하리라는 걸 모르는구려!

Quante notti ho vegliato anelante!
내가 얼마나 많은 밤을 당신에 대한 그리움으로 지새웠는지!

Come a lungo infelice lottai!
내가 그 오랫동안 얼마나 불행했는지!

Quante volte dal cielo implorai la pietà, che tu chiedi da me!
내가 하늘에 얼마나 많이 당신에 대한 자비를 구했는지!

Ma per questo ho potuto un instante, infelice, non viver di te?
하지만 이 때문에, 불행하게도, 내가 당신과 한순간도 함께 살 수 없다는 것도?

(아멜리아)
Ah! deh, soccorri tu, cielo, all'ambascia di chi sta fra l'infamia e la morte,
아, 하늘이시여, 불명예와 죽음 사이에 있는 이의 고통을 도와주시고,

tu pietoso rischiara le porte di salvezza all'errante mio piè.
자비를 베풀어, 방황하는 저를 구원의 문으로 인도해 주세요.

E tu va, ch'io non t'oda, mi lascia…
그리고 가세요, 저를 내버려두세요.

Son di lui, son di lui, che il suo sangue ti die.
저는 당신을 위해 피를 흘릴 사람의 아내에요.

(구스타보)
La mia vita… l'universo, l'universo per un detto…
아, 내 사랑, 한 마디만, 한 마디만 해주시오.

(아멜리아)
Ciel pietoso!
자비로운 하늘이시여!

(구스타보)
Di' che m'ami…
날 사랑한다고 한 마디만 해주시오.

(아멜리아)
Va, Gustavo!
가세요, 구스타보!

(구스타보)
Un sol detto, un sol detto …
한 마디만, 딱 한 마디만…

(아멜리아)
Ebben, sì… t'amo…
그렇다면, 네, 당신을 사랑해요.

(구스타보)
M'ami, Amelia!
날 사랑하는구려, 아멜리아!

(아멜리아)
Ma tu, nobile… me difendi dal mio cor!
하지만, 당신은 귀한 분이시니… 제 마음으로부터 절 지켜주셔야
해요.

(구스타보)
M'ami, m'ami!
당신은 날 사랑해, 날 사랑하고 있어.

oh sia distrutto il rimorso, l'amicizia nel mio seno,
내 가슴 속 가책과 우정은 사라져 버려라.

estinto tutto, estinto tutto, tutto sia fuorché l'amor, fuorché
l'amor, fuorché l'amor!
모든 것이 사라지더라도, 사랑만은, 사랑만은, 사랑만은 남아다오!

Oh, qual soave brivido l'acceso petto irrora!
오, 얼마나 달콤한 떨림이 내 뜨거운 가슴을 자극하는가!

Ah, ch'io t'ascolti ancora rispondermi così!
아, 그 말을 한 번 더 듣게 해주시오.

Astro di queste tenebre a cui consacro il core,
어둠 속의 별이여, 내 마음을 바치는 당신이여,

Irradiami d'amore e più non sorga, non sorga il dì!
사랑으로 나를 비추고, 다시는 낮이 돌아오지 않았으면!

Irradiami d'amore e più non sorga, non sorga il dì!
사랑으로 나를 비추고, 다시는 낮이 돌아오지 않았으면!

(아멜리아)
Ahi! sul funereo letto ov'io sognava spegnerlo,
아! 내가 사랑을 끝내고자 했던 이 사형장 위에서

gigante torna in petto l'amor che mi ferì!
나를 아프게 했던 사랑이 다시 내 가슴 속으로 돌아올까!

Ché non m'è dato in seno a lui versar quest'anima?
난 그분 품에 내 영혼을 바칠 수 없을까?

o nella morte almeno addormentarmi qui?
아니면 적어도 이곳에서 죽음 속에 잠들 수 없을까?

o nella morte almeno addormentarmi qui?
아니면 적어도 이곳에서 죽음 속에 잠들 수 없을까?

(구스타보)
Amelia, tu m'ami? Amelia, tu m'ami?
아멜리아, 날 사랑하오? 아멜리아, 날 사랑하오?

(아멜리아)
Sì… t'amo.
네, 당신을 사랑해요.

(구스타보)
Irradiami d'amor!
사랑으로 날 빛나게 해주시오.

(아멜리아)
Ma tu, nobile… me difendi dal mio cor! me difendi dal mio
cor!
하지만, 당신은 귀한 분이시니… 제 마음으로부터 절 지켜주셔야
해요.

(구스타보)
Oh, qual soave brivido l'acceso petto irrora!
오, 얼마나 달콤한 떨림이 내 뜨거운 가슴을 자극하는가!

Ah, ch'io t'ascolti ancora rispondermi così!
아, 그 말을 한 번 더 듣게 해주시오.

(아멜리아)
Ahi! sul funereo letto ov'io sognava spegnerlo,
아! 내가 사랑을 끝내려 했던 이 사형장 위에서

gigante torna in petto l'amor che mi ferì!
나를 아프게 했던 사랑이 다시 내 가슴 속으로 돌아올까!

(구스타보)
Irradiami d'amore e più non sorga il dì!
사랑으로 나를 비추고, 다시는 낮이 돌아오지 않았으면!

(아멜리아)
o nella morte almeno addormentarmi qui?
아니면 적어도 이곳에서 죽음 속에 잠들 수 없을까?

두 사람이 함께 있을 때 누군가 다가오는데, 다름 아닌 레나토였습니다. 당황한 아멜리아는 베일로 얼른 얼굴을 가립니다. 레나토는 구스타보를 발견하자, 방금 국왕을 시해하려는 자들을 지나쳐 왔다면서, 지금 반역자들이 국왕을 찾아다니고 있으니 자신의 망토로 갈아입고 안전한 길로 빨리 피신하라고 합니다.

아멜리아도 구스타보에게 그가 얼른 가지 않으면 스스로 베일을 벗어버리겠다고 말합니다. 어쩔 수 없다고 판단한 구스타보는 레나토에게 베일을 쓴 여인에게 말을 건네거나 쳐다보지 말고, 그녀를 시내로 무사히 데려갈 것을 맹세하라고 하는데, 레나토는 그렇게 하겠다고 맹세합니다.

구스타보가 자리를 떠난 후 구스타보를 시해하려는 호른 백작과 리빙 백작 일당이 레나토 앞에 나타납니다. 그들은 비록 국왕은 놓쳤지만 국왕과 함께 있던 여인의 얼굴은 보아야겠다며 아멜리아의 베일을 벗기려 합니다. 레나토가 이들에 맞서 칼을 빼들자, 자포자기한 아멜리아는 스스로 베일을 벗습니다.

레나토는 소스라치게 놀라고, 호른 백작과 리빙 백작은 국왕과 함께 있던 여인이 레나토의 부인이란 걸 알고는 레나토를 조롱합니다. 레나토는 두 사람에게 날이 밝으면 자신의 집으로 와달라고 부탁합니다.

백작 일행이 사라진 후 아멜리아와 단둘이 남게 된 레나토는 아멜리아를 시내까지 데려다주기로 구스타보에게 맹세했다고 말하며 함께 집으로 향합니다.

제3막

분노한 레나토는 집에 도착한 후, 아멜리아에게 눈물이나 변명은 필요 없으며 오직 피로 사죄해야 한다며 자결을 요구합니다. 아멜리아는 한순간 구스타보를 사랑했던 것은 사실이나 레나토의 이름을 더럽히지는 않았다고 하면서, 그의 말대로 스스로 죽겠으나 죽기 전에 마지막으로 아들을 한 번만 볼 수 있도록 해달라고 이 아리아로 간청합니다.

아멜리아 : 죽을게요, 하지만 먼저 소원이 있어요
(Morrò, ma prima in grazia)

Morrò, ma prima in grazia,
죽을게요, 하지만 먼저 소원이 있어요.

deh! mi consenti almeno…
아, 최소한 이건 허락해 주세요.

l'unico figlio mio, l'unico figlio mio avvincere al mio seno.
하나밖에 없는 아들, 하나밖에 없는 아들을 제 품에 안아볼 수 있도
록 해주세요.

E se alla moglie nieghi quest'ultimo favor,
만일 당신 아내의 이 마지막 부탁은 거절한다 하더라도,

non rifiutarlo ai prieghi, ai prieghi del mio materno cor.
이 어미로서의 부탁은 뿌리치지 말아 주세요.

Morrò, ma queste viscere consolino i suoi baci,
죽을게요. 하지만 그 아이의 입맞춤이 절 위로해 주도록 해주세요.

or che l'estrema è giunta dell'ore mie fugaci.
덧없이 지나갈 제 삶의 마지막 순간이 다가왔더라도.

Spenta per man del padre,
제 아빠의 손에 이 엄마가 죽고 나면

la man ei stenderà sugl'occhi d'una madre,
아이는 손을 뻗어 이 엄마의 두 눈을 감겨주겠지요.

che mai più non vedrà, che mai più, mai più, che mai più non
vedrà!
다시는 못 볼, 다시는 못 볼 이 엄마의 두 눈을.

che mai più, mai più, che mai più non vedrà,
다시는, 다시는, 다시는 못 볼

Ah~ che mai più, che mai più non vedrà!
아~ 다시는 못 볼, 다시는 못 보게 될 이 엄마의 두 눈을!

아멜리아의 마지막 소원을 들어준 레나토는 그녀가 아들을 보기 위해 아들 방으로 가자, 서재 벽에 걸려있는 구스타보 국왕의 초상화를 바라보며 배신감으로 그에 대한 극도의 분노를 뿜어내고, 아울러 아멜리아와의 행복했던 과거를 회상하는 이 아리아를 부릅니다.

레나토 : 너였구나, 그녀의 영혼을 더럽힌 자가
(Eri tu che macchiavi quell'anima)

Eri tu che macchiavi quell'anima, la delizia dell'anima mia,
너였구나, 내 삶의 행복이던 그녀의 영혼을 더럽힌 자가,

che m'affidi e d'un tratto esecrabile
내가 믿었건만, 이젠 끔찍하게

l'universo avveleni per me, avveleni per me!
날 죽게, 내가 죽도록 만드는구나!

Traditor! che compensi in tal guisa dell'amico tuo primo la fè!
배신자! 네 가장 친한 친구의 믿음에 이런 식으로 보상하는 거냐!

O dolcezze perdute!
오 행복이 사라져 버렸구나!

o memorie d'un amplesso che l'essere indìa!
오 꿈만 같던 추억이 사라져 버렸어!

Quando Amelia sì bella, sì candida sul mio seno brillava d'amor!
그토록 아름답고 그토록 순수했던 아멜리아가 내 가슴 속에서 사랑으로 빛났던 그때가!

Quando Amelia sul mio seno brillava, d'amor seno brillava d'amor!
아멜리아가 내 가슴 속에서 사랑으로 빛났던, 내 가슴 속에서 사랑으로 빛났던 그때의 추억이!

È finita!
이젠 끝났어!

non siede che l'odio e la morte nel vedovo cor!
내 마음속엔 오직 증오와 죽음밖에 없구나!

O dolcezze perdute,
오 행복이 사라져 버렸어.

o speranze d'amor, d'amor, d'amor!
오 사랑, 사랑에 대한 희망이 이젠 사라져 버렸어!

날이 밝자, 호른 백작과 리빙 백작이 레나토의 집에 도착합니다. 레나토는 두 사람에게 그들의 국왕 시해 음모를 알고 있다고 말하고, 자신도 그 계획에 가담시켜 달라고 요청합니다.

호른과 리빙이 그의 진의를 의심하자, 레나토는 자신의 아들을 걸고 맹세한다면서, 자신이 직접 왕을 죽일 수 있도록 해달라고 부탁합니다. 그런데, 호른과 리빙도 서로 자신들이 왕을 죽이겠다고 나서자, 레나토는 제비뽑기로 결정하자고 제안하고, 각자 이름을 쓴 쪽지를 작은 항아리에 넣습니다.

마침 아멜리아가 레나토에게 오스카르가 오늘 저녁 가면무도회 초청장을 가지고 왔다고 알리러 들어오자, 레나토는 아멜리아에게 항아리 안에서 쪽지 하나를 뽑으라고 요구합니다. 그녀가 뽑은 쪽지에는 레나토의 이름이 쓰여 있었고, 레나토는 자신에게 복수의 기회가 주어졌다며 기뻐합니다.

한편, 구스타보는 한밤중에 어려운 일을 겪은 때문인지, 아멜리아와의 관계를 지금처럼 계속 끌어가는 것은 어렵다고 판단하고, 레나토를 그의 고향으로 전출시키기로 결심합니다. 그가 전출되면 자연스럽게 아멜리아도 따라갈 것이기 때문입니다. 서명한 인사발령장을 옷 주머니에 넣은 후, 구스타보는 그녀를 떠나보내는 애통하고도 절절한 심정을 이 명곡 아리아로 노래합니다.

구스타보 : 당신을 떠나보내야 하더라도
(Ma se m'è forza perderti)

Ma se m'è forza perderti per sempre, o luce mia,
하지만, 나의 빛인 당신을 영원히 떠나보내야 하더라도,

A te verrà il mio palpito sotto qual ciel tu sia.
당신이 어느 하늘 아래에 있건, 내 마음은 당신과 함께 할 것이오.

Chiusa la tua memoria nell'intimo del cor,
당신과의 추억은 마음속 깊은 곳에 잘 간직해 두겠소.

chiusa nell'intimo del cor.
마음속 아주 깊은 곳에,

Ed or qual reo presagio lo spirito m'assale,
불길한 예감이 날 엄습해 오는구려,

Che il rivederti annunzia quasi un desio fatale,
당신을 다시 만나는 건 목숨을 잃을 수 있는 욕심이라고 하는구려.

Come se fosse l'ultima ora del nostro amor,
마치 우리 사랑의 마지막 시간이 될 것처럼,

Come se fosse l'ultima, l'ultima ora,
마치 우리 사랑의, 우리 사랑의 마지막 시간이 될 것처럼,

ora del nostro amor, del nostro amor.
우리 사랑의, 우리 사랑의 마지막 시간이 될 것처럼,

or qual reo presagio m'assale,
지금 불길한 예감이 날 엄습해 와요,

come se fosse l'ultima ora del nostro amor,
마치 우리 사랑의 마지막 시간이 될 것처럼,

se fosse l'ultima del nostro amor.
마치 우리 사랑의 마지막 시간이 될 것처럼.

이때 오스카르가 들어와 미지의 여인으로부터 받았다면서 구스타보에게 쪽지를 건네는데, 거기에는 오늘 무도회에서 누군가가 국왕의 생명을 노린다는 경고가 써있었습니다. 하지만 구스타보는 무도회장에서 아멜리아를 다시 한번 볼 수 있다는 생각에 그 경고를 무시합니다.

드디어 무도회가 열립니다. 국왕을 시해하려는 레나토는 오스카르가 보이자 국왕이 오늘 어떤 옷을 입고 있는지 알려달라고 합니다. 오스카르는 자기는 알고 있지만 레나토에게 알려줄 수 없다며 익살스럽게 이 아리아를 부릅니다.

오스카르 : 전하께서 어떤 복장인지 알고 싶으시군요
(Saper vorreste di che si veste)

Saper vorreste di che si veste.
전하께서 어떤 복장인지 알고 싶으시군요.

Quando l'e cosa ch'ei vuol nascosa,
숨기고 싶은 것이 있을 때,

Oscar lo sa, ma nol dirà,
오스카르는 알아요, 하지만 말하지 않을 거예요.

Tra la la la la la la la la ~
트라 라 라 라 라 라 라 라 ~

Oscar lo sa, ma nol dirà,
오스카르는 알아요, 하지만 말하지 않을 거예요.

Tra la la la la la la la la ~
트라 라 라 라 라 라 라 라 ~

Pieno d'amor mi balza il cor,
사랑으로 가득한 제 심장은 뛰지요,

Ma pur discreto serba il segreto.
하지만, 전 신중해서 비밀은 지키지요.

Nol rapirà grado o beltà,
지위가 높거나 아름다운 사람에게도 넘어가지 않을 거예요.

Tra la la la la la la la la ~
트라 라 라 라 라 라 라 라 ~

Oscar lo sa, ma nol dirà,
오스카르는 알아요, 하지만 말하지 않을 거예요.

Tra la la la la la la la la ~
트라 라 라 라 라 라 라 라 ~

그러나, 레나토는 중요한 문제를 보고해야 하니 빨리 알려달라며 오스카르를 다그치고, 결국 오스카르는 국왕이 분홍색 리본이 달린 검은 외투를 입고 있다고 알려줍니다.

한편, 아멜리아는 무도회장에서 구스타보를 발견하고 이곳에 있으면 칼에 찔려 죽을 수 있으니 빨리 자리를 피하라고 재차 경고합니다. 구스타보는 아멜리아를 알아보고 그녀에 대한 사랑을 다시 확인한 후, 내일 레나토와 함께 고향으로 떠나게 될 것이라고 미리 알려줍니다. 그리고 두 사람은 마지막 작별 인사를 나눕니다.

그때 구스타보를 발견한 레나토가 자신의 작별 인사도 받으라며 준비해 온 칼로 국왕을 찌르자, 구스타보는 피를 흘리며 바닥에 쓰러집니다. 근위병과 참석자들이 범인인 레나토를 체포하자, 구스타보는 레나토에게 가까이 오라고 손짓하면서 이 최후의 아리아를 부릅니다.

구스타보 : 그녀는 결백하네, 자네에게 죽음으로 맹세하지
(Ella è pura, in braccio a morte te lo giuro)

(구스타보)
Ella è pura, in braccio a morte te lo giuro,
그녀는 결백하네, 자네에게 내 죽음으로 맹세하지.

Iddio m'ascolta…
하늘이 듣고 있어…

Io che amai la tua consorte, rispettato ho il suo candor.
난 자네 부인을 사랑했지만, 그녀의 순수함을 존경했네.

A novello incarco asceso tu con lei partir dovevi…
(발령장을 주며) 자네는 새로운 직위를 맡게 되었으니 자네 부인과
함께 떠나게.

Io l'amai, ma volli illeso il tuo nome ed il suo cor!
난 그녀를 사랑했지만, 자네의 명예와 그녀의 마음이 다치지 않기
를 바랐어.

(아멜리아)
O rimorsi dell'amor che divorano il mio cor,
오 내 마음을 집어삼키는 사랑의 회한이

Fra un colpevole che sanguina e la vittima che muor!
피를 묻힌 범인과 죽어가는 희생자 사이에서 느껴지네!

(오스카르)
O dolor senza misura, o terribile sventura!
오 헤아릴 수 없는 고통이여, 오 끔찍한 불행이여!

La sua fronte e tutta rorida già dell'ultimo sudor!
그의 이마는 벌써 마지막 땀으로 발갛게 물들어있네!

(레나토)
Ciel! che feci!
하느님, 내가 무슨 짓을 한 거지!

e che m'aspetta esecrato sulla terra!
처형이 나를 기다리고 있겠구나!

Di qual sangue e qual vendetta m'assetò l'infausto error!
내가 무슨 피와 복수심에 사로잡혀 이런 큰 잘못을 저지른 거야!

(구스타보)
Grazie a ognun,
모든 이들에게 감사한다.

signor qui sono, tutti assolve il mio perdono…
왕이 여기 있어 모든 이들을 사면하노라…

(전원)
Cor sì grande e generoso
이토록 위대하고 너그러우신 마음의

tu ci serba, o Dio pietoso,
자비로우신 하느님, 우리를 보호하시고

raggio in terra a noi miserrimi è del tuo celeste amor!
비참한 우리를 위해 지상의 빛과 천상의 사랑으로 지켜주소서.

(구스타보)
Addio per sempre, miei figli…
영원히 안녕, 내 백성들이여…

Addio… diletta patria…
안녕… 사랑하는 조국이여…

Addio··· miei figli··· per sempre···
안녕··· 내 백성들··· 영원히···

Ah!··· ohimè!··· io moro!··· miei figli···
아! 이런!··· 난 죽어가네··· 내 백성들···

Per sem··· addio!
영원··· 안녕!

(전원)
Notte d'orror!
무서운 밤이로다!

구스타보는 죽기 전 레나토를 포함한 모든 이들을 사면하고, 죽어가는 마지막 순간까지도 계몽군주답게 백성들을 걱정하는 면모를 보이며, 백성들의 애도 속에 숨을 거둡니다.

황홀한 마음으로 그녀를 다시 보겠구나(La rivedrà nell'estasi)

시동 오스카르가 건넨 무도회 참석자 명단에 아멜리아가 포함되어 있는 것을 보고 구스타보가 혼자 기쁨에 겨워 부르는 곡

전하께 미소짓는 삶은(Alla vita che t'arride)

레나토가 구스타보 국왕에 대한 진정한 충정을 노래하는 곡

그녀가 별을 바라볼 때면(Volta la terrea fronte le stelle)

오스카르가 울리카가 매우 신통하다면서 추방 위기에 처한 점쟁이 울리카를 변호하기 위해 부르는 곡

어둠의 왕이시여(Re dell'abisso)

울리카가 자신에게 마법의 힘이 깃들도록 해달라고 마왕에게 기도하는 곡

순한 파도가 날 기다리고 있는지 말해주오(Di'tu se fedele)

구스타보가 울리카의 신통력을 시험해 보기 위해 어부로 변장한 채 울리카에게 자신이 이번에 순탄하게 항해할 수 있을지 알려달라고 묻는 곡

메마른 가지에서(Ma dall'arido stelo)

아멜리아가 약초를 캐서 먹으면 이 괴로운 사랑에서 벗어날 수 있겠지만, 그럼 자신에겐 무엇이 남을까? 라고 한탄하며 신에게 도움을 청하는 곡

내가 그대 곁에 있소(Teco io sto)

구스타보와 아멜리아가 이루기 어려운 사랑임을 알면서도 서로에 대한 애타는 마음을 절절히 노래하는 2중창

죽을게요, 하지만 먼저 소원이 있어요(Morrò, ma prima in grazia)

아멜리아가 자신의 부정을 의심하며 자결하라고 다그치는 남편 레나토에게, 그의 말대로 죽겠으나 죽기 전에 마지막으로 아들을 한 번 볼 수 있도록 해달라고 간청하는 곡

너였구나, 그녀의 영혼을 더럽힌 자가(Eri tu che macchiavi quell'anima)

레나토가 국왕이 자신의 부인과 부정을 저질렀다고 생각하며 그에 대한 분노를 쏟아내고, 이어 아멜리아와의 행복했던 과거를 회상하며 부르는 곡

당신을 떠나보내야 하더라도(Ma se m'è forza perderti)

구스타보가 아멜리아를 떠나보내기로 결심하고 레나토의 전출 발령장에 서명한 후, 사랑하는 여인을 떠나보내는 애통한 심정을 절절히 노래하는 곡

전하께서 어떤 복장인지 알고 싶으시군요(Saper vorreste di che si veste)

오스카르가 가면무도회에서 국왕이 어떤 복장을 하고 있는지 알려달라는 레나토에게 자기는 알지만 알려줄 수 없다며 익살스럽게 부르는 곡

그녀는 결백하네, 자네에게 죽음으로 맹세하지(Ella è pura, in braccio a morte te lo giuro)

구스타보가 아멜리아를 사랑했던 것은 사실이지만 레나토의 명예와 아멜리아의 마음이 다치지 않기를 원했다고 밝히면서, 모든 이들을 사면하고 백성들에게 영원한 작별을 고하는 곡

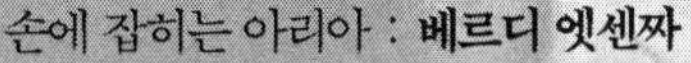

05
—

운명의 힘
La Forza del Destino

L'Essenza dell'opera di Giuseppe Verdi

<h2 style="text-align:center">개요</h2>

    이 작품은 러시아 생페쩨르부르크 황실의 작곡 의뢰를 받은 베르디가 오래 전부터 관심을 가지고 있던 스페인 귀족 앙헬 데 싸아뻬드라Ángel de Saavedra(1791-1865)의 희곡 〈돈 알바로, 운명의 힘Don Alvaro, o la fuerza del sino(1835)〉을 원작으로 만든 그의 22번째 오페라로, 대본은 〈리골렛토〉, 〈라 트라비아타〉, 〈시몬 보까네그라〉 등을 이미 함께 작업한 바 있는 프란체스코 피아베가 담당했습니다.

    이 작품은 1862년 11월 생페쩨르부르크에서 초연되었는데, 베르디는 초연 제작을 직접 감독하기 위해 생페쩨르부르크에 갈 정도로 이 작품에 커다란 애정을 보였으며, 이후 대본과 음악에 몇 차례 수정을 가했습니다.

    초연 당시에는 알바로, 레오노라, 카를로 세 주역이 모두 죽음을 맞이해 지나치게 비극적이라는 지적과 함께, 카톨릭 국가인 이탈리아에서 사제인 알바로가 자살한다는 설정이 문제가 되어, 1869년 밀라노 공연부터는 알바로는 살아남아 신에게 자비와 용서를 구하는 내용으로 수정되었습니다. 이 밀라노 판 대본은 〈아이다〉의 대본을 쓴 안토니오 기슬란조니가 베르디의 요청대로 원작을 수정한 내용이며, 오늘날 공연되고 있는 표준 버전은 이 밀라노 판입니다.

    오페라의 전체적 분위기에 어울리게 웅장하면서도 장엄한 느낌을 주는 이 작품의 서곡은 베르디의 여러 오페라 서곡 가운데 가장 두드러지는 명곡입니다.

<h2 style="text-align:center">주요 등장인물</h2>

칼라트라바(후작, 베이스)
레오노라(후작의 딸, 소프라노)

카를로(레오노라의 오빠, 바리톤)
알바로(잉카의 후예 귀족, 테너)
프레지오실라(집시 여인, 메조소프라노)
과르디아노(신부, 베이스)

시놉시스와 주요 아리아

제1막

레오노라는 잉카의 후예인 알바로와 서로 사랑하는 사이인데, 아버지 칼라트라바 후작이 그와의 결혼을 반대하자 오늘 저녁 알바로와 사랑의 도피를 결행하기로 한 상태입니다. 칼라트라바 후작이 레오노라의 방으로 와서 잘 자라고 저녁 키스를 하고 떠나자, 사랑하는 아버지와 고향을 뒤로 하고 떠나는 착잡한 심경을 이 아리아로 노래합니다.

레오노라 : 난 유랑자이자 고아가 되어
(Me, pellegrina ed orfana)

Me, pellegrina ed orfana, lungi dal patrio nido.
난 유랑자이자 고아가 되어 고향을 떠나는구나.

Un fato inesorabile sospinge a stranio lido;
냉혹한 운명이 우리를 낯선 해안으로 몰아넣고 있어.

Colmo di triste immagini, da' suoi rimorsi affranto.
슬픈 상념과 비탄이 가득히 밀려오네.

È il cor di questa misera dannato a eterno pianto⋯
영원한 울음으로 저주받은 비참한 여인의 심정이구나.

Colmo di triste immagini, da' suoi rimorsi affranto.
슬픈 상념과 비탄이 가득히 밀려오네.

È il cor di questa misera dannato a eterno pianto⋯
영원한 울음으로 저주받은 비참한 여인의 심정⋯

dannato a eterno pianto⋯
영원한 울음으로 저주를 받은⋯

Ti lascio, ahimè, con lacrime, dolce mia terra, addio!
내 고향아, 아, 눈물을 흘리며 널 두고 떠난다. 잘 있어!

Ahimè, ahimè, non avrà termine sì gran dolore! Addio!
아, 어쩌나, 이 큰 슬픔이 끝나지 않겠구나! 안녕!

Ti lascio, ahimè, con lacrime, ti lascio, dolce mia terra,
내 고향아, 아, 눈물을 흘리며 널 두고, 널 두고 떠난다.

Ahimè, ahimè, non avrà termine sì gran dolore!
아, 어쩌나, 이 큰 슬픔이 끝나지 않겠지!

non avrà termine sì gran dolore! Addio! Addio!
아, 이 큰 슬픔이 끝나지 않겠지! 안녕! 잘 있어!

dolce mia terra, addio!
내 고향아, 안녕!

non avrà termine sì gran dolore!
이 큰 슬픔이 끝나지 않겠구나!

Addio! Addio!
안녕! 잘 있어!

이윽고 함께 야반도주를 하기로 한 알바로가 그녀 앞에 나타나 레오노라에게 어서 떠나자고 합니다. 아무래도 아버지가 마음에 걸린 레오노라는 내일 떠나자고 해보지만, 하루빨리 이곳을 벗어나자는 알바로의 재촉에 결국 바로 떠나기로 합니다.

그 순간 수상한 인기척을 느낀 칼라트라바 후작이 칼을 들고 두 사람 앞에 나타나 레오노라를 힐책합니다. 알바로는 죄가 있다면 모두 자기에게 있다면서 가지고 있던 자신의 총을 후작 앞에 던지는데, 바닥에 떨어진 총이 의도치 않게 발사되며 후작에게 명중합니다. 후작은 딸인 레오노라를 저주하며 숨을 거두고, 당황한 알바로는 레오노라를 데리고 현장을 빠져나갑니다.

제2막

칼라트라바 후작의 아들인 카를로는 학생으로 변장한 채 아버지를 죽이고 떠난 알바로와 레오노라를 찾기 위해 곳곳을 다니고 있습니다. 우연히 카를로와 같은 숙소에 묵게 된 레오노라는 오빠 카를로를 발견하고는 재빨리 몸을 숨깁니다.

마을 사람들이 함께 모여 술을 마시고 있을 때, 집시 여인 프레지

오실라가 나타나 큰돈을 벌고자 하는 사람들은 지금 당장 이탈리아
로 가서 독일과의 전쟁에 참전하라며 이 아리아를 부릅니다.

프레지오실라 : 북 소리에(Al suon del tamburo)

(프레지오실라)
Al suon del tamburo, al brio del corsiero, al nugolo azzurro
del bronzo guerrier;
북 소리와, 수많은 대포들의 당당한 위용과

dei campi al sussurro s'esalta il pensiero!
병영의 소리가 사기를 고조시킨다!

È bella la guerra, è bella la guerra!
전쟁은 아름다워, 전쟁은 아름다워!

Evviva la guerra, evviva!
전쟁 만세! 만세!

(전원)
È bella la guerra, evviva la guerra!
전쟁은 아름다워, 전쟁은 아름다워!

(프레지오실라)
È solo obliato da vile chi muore;
겁쟁이로 죽는 자는 잊혀질 뿐이고,

al bravo soldato, al vero valor è premio serbato di gloria,
d'onor!
진정한 용기를 지닌 훌륭한 군인에게는 영광과 명예가 상으로 주
어지네!

È bella la guerra! Evviva la guerra!
전쟁은 아름다워! 전쟁 만세!

(전원)
È bella la guerra! Evviva la guerra! Evviva la guerra!
전쟁은 아름다워! 전쟁 만세! 전쟁 만세!

(프레지오실라)
Se vieni, fratello, sarai caporale;
형제여, 그대가 군인이 된다면, 그대는 상병,

e tu colonnello, e tu generale!
그대는 대령, 그대는 대장!

Il dio furfantello dall'arco immortale
불멸의 활을 가진 신은

farà di cappello al bravo uffiziale.
용감한 군인에게는 경의를 표할 거야.

È bella la guerra,
전쟁은 아름다워,

Evviva la guerra! Evviva la guerra!
전쟁 만세! 전쟁 만세!

(전원)
È bella la guerra!
전쟁은 아름다워!

Evviva la guerra! Evviva la guerra!
전쟁 만세! 전쟁 만세!

　카를로는 얼마 전 본 여행자가 자꾸 마음에 걸리는지 그를 마을로 태우고 온 마부에게 계속 그 사람에 대해 묻습니다(그 여행자는 사실 레오노라입니다), 이에 마을 사람들이 오히려 그의 정체를 밝히라고 하자, 카를로는 이 아리아를 부르며 자신을 소개합니다.

카를로 : 내 이름은 페레다요
(Son Pereda, son ricco d'onore)

Son Pereda, son ricco d'onore,
내 이름은 페레다고, 여러 영예를 가지고 있지요.

baccelliere mi fe' Salamanca,
살라망카에서 학사 공부를 했고

sarò presto "in utroque" dottore, che di studio ancor poco mi manca.
아직 공부를 다 마치진 못했지만, 곧 박사가 될 거요.

Di là Vargas mi tolse da un anno, ed a Siviglia con sè mi guidò.
1년 전 바르가스는 그곳에서 나를 세비야로 데리고 갔지요.

Non tratenne Pereda alcun danno, per l'amico il suo core parlò.
페레다는 어떤 피해도 참지 않고, 친구를 위해 말했소.

Della suora un amante straniero colà il padre gli avea trucidato,
누이의 외국인 애인은 그곳에서 그녀의 아버지를 살해했고,

ed il figlio, da pro' cavaliero, la vendetta ne aveva giurato;
그의 아들은 기사로서 그에 대한 복수를 맹세했소.

Gl'inseguimmo di Cadice in riva, nè la coppia fatal si trovò.
우리는 카디스 해안까지 쫓아갔지만, 두 사람을 찾지는 못했소.

Per l'amico Pereda soffriva, che il suo core per esso parlò.
페레다는 그토록 위해주었던 친구 때문에 고통받았소.

Là e dovunque narrar che del pari la sedotta col vecchio peria,
여기저기서와 마찬가지로 그도 늙은 페리 여신의 유혹을 받았고,

che a una zuffa tra servi a sicari solo il vil seduttore sfuggìa.
오직 사악한 유혹자만 하인과 괴한 사이의 난투극에서 벗어났다고 전해졌소.

Io da Vargas allor mi staccava, ei seguir l'assassino giurò.
내가 바르가스와 헤어졌을 때, 그녀는 그 살인자를 따르겠다고 맹
세했지요.

Verso America il mare solcava, e Pereda ai suoi studi tornò!
그는 바다 건너 아메리카로 갔고, 페레다는 다시 공부를 시작했지요!

　오빠 카를로가 자신과 알바로를 찾아내 죽이려고 한다는 것을 알
게 된 레오노라는 남장을 하고 수도원을 찾아갑니다. 그녀는 이 아
리아를 부르며 성모께 자신의 죄를 용서해 달라며 자비를 구합니다.

레오노라 : 거룩하신 성모님
(Madre, Madre, pietosa, Vergine)

Madre, Madre, pietosa Vergine,
거룩하신 성모님,

perdona al mio peccato.
저의 죄를 용서해 주소서.

M'aita quell'ingrato dal core a cancellar.
그 괴로움을 제 마음에서 씻어낼 수 있도록 도와주소서.

In queste solitudini espierò, espierò l'errore,
이렇게 외로이 저의 잘못을 속죄하겠습니다.

pietà di me, Signore.
제게 자비를 베풀어 주세요.

Deh! non m'abbandonar!
제발, 절 버리지 말아주세요!

pietà di me, Signore.
제게 자비를 베풀어 주세요.

Ah, quei sublimi cantici dell'organo i concenti, che come incènso ascendono a Dio sui firmamenti,
아, 오르간에서 나오는 저 숭고한 찬가와 하늘에 계시는 신에게 올라가는 향은

inspirano, inspirano a quest'alma fede, conforto e calma!
이 영혼에 믿음과 위안과 평안을 줍니다!

그녀는 과르디아노 원장신부에게 모든 자초지종을 말하고 자신을 거두어 달라고 부탁합니다. 과르디아노 신부는 그녀의 뜻을 존중해 산 속 암자에 머물도록 허락하고, 그 암자에는 아무도 접근하지 말라고 지시합니다.

제3막

레오노라와 헤어진 상태로 홀로 도망 중인 알바로는 스페인 군대에 입대해 지금은 이탈리아 전선에서 장교로 근무하고 있습니다. 그는 부모에 이어 사랑하는 레오노라까지 잃어버렸다고 생각하고,

희망 없는 나날을 보내고 있는 자신의 처지를 한탄하며 이 아리아
를 부릅니다.

알바로 : 불행한 이에게는 삶이 지옥이지
(La vita è inferno all'infelice)

La vita è inferno all'infelice.
불행한 이에게는 삶이 지옥이지.

Invano morte desio!
난 죽음을 갈망했지만 허사였어!

Siviglia!
세비야!

Leonora!
레오노라!

Oh, rimembranza!
오, 추억이여!

Oh, notte ch'ogni ben mi rapisti!
오, 내 모든 기쁨을 앗아간 그날 밤!

Sarò infelice eternanmente, è scritto.
난 영원히 불행할 거라고, 그렇게 씌어있었지.

Della natal sua terra il padre volle spezzar l'estranio giogo,
아버님께선 조국을 해방시키고

e coll'unirsi all'ultima dell'Incas la corona cingere confidò.
잉카의 마지막 후예들과 힘을 합쳐, 왕좌를 다시 찾고자 하셨지.

Fu vana impresa.
하지만 헛수고였어.

In un carcere nacqui, m'educava il deserto;
난 감옥에서 태어나고, 황야에서 자랐어.

Sol vivo perché ignota è mia regale stirpe!
내가 살 수 있었던 건 내 왕족 신분이 아무에게도 알려지지 않았기
때문이야!

I miei parenti sognaro un trono,
내 부모님께선 왕좌를 꿈꾸셨지만

e li destò la scure!
(사형대의) 도끼가 그 꿈을 깨버렸어!

Oh, quando fine avran le mie sventure!
오, 내 불행은 언제나 끝이 날까!

O tu che seno agli angeli
오, 천사의 품에 안긴 그대,

eternamente pura, salisti bella, incolume dalla mortal iattura,
영원히 순수하고, 사랑스럽고, 세상의 불행에 물들지 않은 당신,

O, tu che seno agli angeli salisti bella e pura,
오, 천사의 품에 안긴, 아름답고 순수한 그대,

Non iscordar di volgere lo sguardo a me tapino,
잊지 말고 이 불행에 젖은 날 바라봐 주시오.

Che senza nome ed esule, in odio del destino,
이름도 없이 버림받은 채, 운명과 싸우며,

Che senza nome ed esule, in odio del destino,
이름도 없이 버림받은 채, 운명과 싸우며,

Chiedo anelando, ahi misero, chiedo anelando, ahi misero,
비참하게, 비참하게 죽음을 기다리고 있는 나를.

la morte d'incontrar…
죽음을 기다리고 있는 나를…

Leonora mia, soccorrimi,
나의 레오노라, 날 도와주시오.

Leonora mia, soccorrimi,
나의 레오노라, 날 구해주시오.

Pietà, pietà, pietà del mio penar!
내 고통, 고통, 고통에 자비를 베풀어 주시오!

Leonora, soccorrimi,
레오노라, 날 도와주시오.

pietà del mio penar!
내 고통을 불쌍히 여겨주시오!

Leonora mia,
나의 레오노라,

Pietà, pietà del mio penar!
내 고통, 고통을 불쌍히 여겨주시오!

Soccorrimi, pietà di me!
날 구해주시오, 내게 자비를 베풀어 주시오!

이때 밖에서 싸우는 소리가 들리자, 알바로가 급히 뛰쳐나가 위기에 처한 군인을 구합니다. 그는 카를로였는데, 알바로에게 구해주어 고맙다고 감사를 표하고, 자신을 펠리체 데 보르노스라는 가명으로 소개합니다. 알바로도 자신을 페데리코 헤레로스로 소개하고 두 사람은 친구가 됩니다.

전투가 계속되고 그 와중에 알바로가 총상을 입고 들것에 실려 옵니다. 카를로는 용감히 싸운 그가 칼라트라바 훈장을 받게 될 것이라고 위로하는데, 칼라트라바라는 말을 들은 알바로는 갑자기 안

된다고 외치고, 카를로는 알바로의 예상 밖 반응을 의아하게 생각
합니다.

부상이 심해 살아날 가능성이 없다고 생각한 알바로는 카를로에
게 자신이 죽으면 자신이 가지고 있는 상자를 함께 태워달라고 부
탁합니다. 카를로는 알바로에게 그 부탁을 들어주겠다고 맹세하고,
함께 이 우정의 2중창을 부릅니다.

알바로, 카를로 : 이 엄숙한 시간에 (Solenne in quest'ora)

Solenne in quest'ora
이 엄숙한 시간에

giurami dovete far pago un mio voto.
내 부탁을 하나 들어주겠다고 맹세해 주게.

(카를로)
Lo giuro.
맹세함세.

(알바로)
Sul core cercate.
내 가슴 쪽을 찾아봐.

(카를로)
Una chiave.
열쇠가 하나 있네.

(알바로)
Con essa trarrete un piego celato.
(상자를 가리키며) 그걸로 거기 꾸러미를 꺼내게.

L'affido all'onore, colà v'ha un mistero che meco morrà.
자네를 믿네만, 거기에 나와 함께 죽을 비밀이 하나 있으니,

S'abbruci me spento.
내가 죽으면 그걸 나와 함께 불태워주게.

(카를로)
Lo giuro, sarà.
그렇게 하리라 맹세하네.

(알바로)
Or muoio tranquillo.
이제 마음 편히 죽을 수 있겠네.

Vi stringo al cor mio.
자네를 내 마음에 잘 간직하겠네.

(카를로)
Amico, fidate nel cielo!
친구여, 하늘을 믿게!

(알바로와 카를로)
Addio! addio! addio!
안녕! 안녕! 안녕!

알바로의 부탁을 들어주겠다고 맹세한 카를로는 알바로가 칼라
트라바라는 이름을 듣고 놀라던 모습을 떠올리며, 혹시 그가 레오
노라를 유혹한 자가 아닐까 의심합니다. 그는 알바로의 상자가 자
신의 의심을 풀어줄 수 있을 거라 생각하며 이 아리아를 부릅니다.

카를로 : 운명의 상자여(Urna fatale del mio destino)

Urna fatale del mio destino,
운명의 상자여,

va, t'allontana, mi tenti invano;
가라, 가버려, 날 괜히 유혹하네,

L'onor a tergere qui venni,
난 명예를 위해 이곳에 왔으니,

è insano d'un onta nuova nol macchierò.
새로운 수치로 내 명예를 더럽히는 건 어리석은 짓이지.

Un giuro è sacro per l'uom d'onore;
명예를 소중히 여기는 자에게 맹세는 신성한 것이니,

que' fogli serbino il lor mistero…
이 꾸러미의 비밀은 지켜져야 해…

Disperso vada il mal pensiero che all'atto indegno mi concitò.
날 흥분시켜 가치 없는 행동을 하게 한 나쁜 생각이 사라지는구나.

E s'altra prova rinvenir potessi?
그런데 만일 다른 증거를 찾을 수 있다면?

Vediam.
찾아보자.

Qui v'ha un ritratto……
여기 초상화가 하나 있네…

suggel non v'è……
이건 밀봉을 안 했네…

nulla ei ne disse……
이것에 대해서는 아무 말이 없었는데…

nulla promisi……
아무런 약속이 없었어…

s'apra dunque……
그러니 열어보자…

Ciel! Leonora!
맙소사, 이건 레오노라잖아!

Don Alvaro è il ferito!
그 다친 친구가 알바로라니!

Ora egli viva, e di mia man poi muoia!
지금은 살아라, 그래야 나중에 내 손에 죽지!

(군의관)
Lieta novella, è salvo!
좋은 소식이오, 그 친구 살았어요!

(카를로)
È salvo! È salvo! Oh gioia!
살았구나, 살았어! 오 기쁘네!

Ah! egli è salvo!
아! 그 자식이 살았어!

O gioia immensa che m'innondi il cor ti sento!
오 내 마음을 가득 채우는 큰 기쁨이여!

Potrò alfine il tradimento sull'infame vendicar.
마침내 그 나쁜 놈에게 내가 복수할 수 있게 되었구나.

Leonora, ove t'ascondi?
레오노라, 넌 어디에 숨어있는 거냐?

Di': seguisti tra le squadre chi del sangue di tuo padre ti fe' il
volto rosseggiar?
말해봐라, 네 얼굴에 아버지의 피를 뿌린 그놈을 따라간 거냐?

Ah, felice appien sarei se potessi il brando mio ambedue
d'averno al dio d'un sol colpo consacrar!
아, 너희 둘을 내 칼로 한 번에 죽여 지옥으로 함께 보내버릴 수 있
으면 좋을 텐데!

알바로가 건강을 회복하자, 카를로는 알바로에게 자신이 칼라트
라바 후작의 아들인 카를로라고 밝히고 결투를 신청합니다. 알바로
는 카를로의 아버지를 죽인 것은 자신이 아니라 운명이라고 하면서,
자신도 그날 밤 치명상을 입고 쓰러졌으며, 나중에 보니 레오노라가
사라진 후였다고 말합니다.

카를로는 레오노라가 지금 살아있으며, 곧 그녀를 찾아 죽이겠다
고 말합니다. 알바로는 레오노라가 살아있다는 말에 기뻐하면서도,
그녀를 찾아 죽이겠다는 카를로의 말에 분노해 칼을 빼 들고 그와
싸웁니다. 이때 다행히 부대 순찰병이 달려와 싸움을 제지하고, 알
바로는 수도원으로 들어가 신부가 되어 마음의 평화를 찾기로 결
심합니다.

동이 트자, 집시 여인 프레지오실라가 군인들의 사기를 올리기 위
해 둥둥 북을 치면서 마을 사람들과 함께 이 곡을 부릅니다.

프레지오실라 및 합창 : 라타플란(Rataplan)

Rataplan, rataplan, rataplan!
라타플란, 라타플란, 라타플란!

Rataplan, rataplan, della gloria nel soldato ritempra l'ardor!
라타플란, 라타플란, 군인의 영광이 열정을 회복시켜주네.

Rataplan, rataplan, di vittoria questo suono è segnal percursor!
라타플란, 라타플란, 이 소리는 승리를 알리는 전조지.

Rataplan, rataplan, rataplan, rataplan, rataplan!
라타플란, 라타플란, 라타플란, 라타플란, 라타플란!

Rataplan, rataplan, or le schiere son guidate raccolte a pugnar!
라타플란, 라타플란, 이제 싸우기 위해 대열을 갖추니

Rataplan, rataplan, le bandiere del nemico si veggon piegar!
라타플란, 라타플란, 적의 깃발이 후퇴하는 게 보이네!

Rataplan, pim, pam, pum,
라타플란, 핌, 팜, 품,

Rataplan, pim, pam, pum,
라타플란, 핌, 팜, 품

Inseguite chi la terga, fuggendo, voltò⋯
패해서 도망치는 자들을 쫓아라⋯

Le gloriose ferite col trionfo il destin coronò.
승리한 영광의 상처로 운명이 장식되지.

Rataplan, rataplan, la vittoria più rifulge de' figli al valor!
라타플란, 조국의 용감한 아들들에게 가장 눈부신 승리야!

Rataplan, rataplan, la vittoria al guerriero conquista ogni cor.
라타플란, 전사들의 승리는 모두의 마음을 정복하네.

Rataplan, rataplan, rataplan!
라타플란, 라타플란, 라타플란!

Rataplan, pim, pam, pum,
라타플란, 핌, 팜, 품,

Rataplan, pim, pam, pum,
라타플란, 핌, 팜, 품,

Rataplan, rataplan, rataplan!
라타플란, 라타플란, 라타플란!

제4막

세월이 지나 알바로는 수도원에서 라파엘이라는 이름의 신부로 봉사 중인데, 어느 날 카를로가 수도원으로 와 알바로를 찾아냅니다. 카를로는 5년이나 그를 찾아다녔다며 그에게 결투를 요청하는데, 알바로는 이제 신부가 되어 죄를 회개하고 있다며 자신을 용서해달라며 결투 신청을 계속 거부합니다. 그러자 카를로는 알바로의 뺨을 때리며 도발하고, 결국 두 사람은 칼로 결투를 벌입니다.

한편, 산 속 암자에서 수도 생활을 하고 있던 레오노라는 자신이 겪고 있는 고통에 힘들어하면서, 차라리 죽음을 통해 마음의 평화를 얻고 싶다며 이 아리아를 부릅니다.

레오노라 : 신이여, 평안을 주소서(Pace, pace, mio Dio)

Pace, pace, pace, pace, mio Dio! Pace, mio Dio!
신이시여, 제게 평안, 평안, 평안함을 주세요! 평안함을요!

Cruda sventura m'astringe, ahimè, a languir;
잔혹한 제 불운이 제게 고통을 주고 있습니다.

come il dì primo da tant'anni dura profondo il mio soffrir.
마치 첫날인 것처럼 심하게 제 고통이 수년간 지속되고 있어요.

Pace, pace, pace, mio Dio! Pace, mio Dio!
신이시여, 제게 평안, 평안, 평안함을 주세요!

L'amai, gli è ver!
전 진정으로 그이를 사랑했습니다.

Ma di beltà e valore cotanto Iddio l'ornò.
신은 그에게 아름다움과 용기를 더해주셨지요.

Che l'amo ancor.
저는 지금도 그이를 사랑하고 있어요.

Nè togliermi dal core l'immagin sua saprò.
제 마음에서 그이를 지울 수가 없어요.

Fatalità! Fatalità! Fatalità!
숙명, 숙명, 숙명이여!

Un delitto disgiunti n'ha quaggiù!
죄가 우리를 갈라놓았네요.

Alvaro, io t'amo.
알바로, 당신을 사랑해요.

E su nel cielo è scritto: Non ti vedrò mai più!
당신을 다시 볼 수 없나 보네요.

Oh Dio, Dio, fa ch'io muoia;
오, 신이시여, 죽게 해주세요.

Che la calma può darmi morte sol.
오직 죽음만이 제게 평안을 줄 수 있을 거예요.

Invan la pace qui sperò quest'alma
이 영혼은 이승에서 헛되이 평안을 찾고,

in preda a tanto duol, a tanto duol, in mezzo a tanto, a tanto
duol.
큰 고통으로 괴로워하고 있답니다. 그토록 큰 고통으로.

Invan la pace quest'alma, invan la pace quest'alma,
이 영혼은 이승에서 헛되이,

Invan sperò la pace quest'alma, invan sperò.
헛되이 평안을 찾고 있답니다.

Misero pane, a prolungarmi vieni la sconsolata vita……
(빵들을 보며) 불쌍한 빵들, 비탄에 빠진 내 생명을 연장시켜 보겠
다고 여기에 왔구나.

Ma chi giunge?
그런데, 누구냐?

Chi profanare ardisce il sacro loco?
누가 감히 이 신성한 땅을 더럽히고 있는 것이냐?

Maledizione! Maledizione! Maledizione! Maledizione!
저주를 받아라, 저주, 저주를, 저주를 받아라!

  카를로와의 결투에서 승리한 알바로는 카를로가 죽어가자, 암자
에 있는 은자에게 죽어가는 이의 고백을 들어달라고 부탁하는데, 암
자 안에서 다름 아닌 레오노라가 나오자 크게 놀랍니다. 알바로는
카를로와 결투 끝에 그를 죽였다고 하면서 카를로가 쓰러져 있는 곳
을 가리키는데, 놀란 레오노라는 오빠에게 달려갑니다.

  그리고 잠시 후, 레오노라가 카를로의 칼에 찔려 짧은 비명을 지
르고, 과르디아노 원장 신부가 치명적 부상을 입은 레오노라를 부
축해 데리고 옵니다. 안타깝게 죽어가는 레오노라와 알바로, 그리고
과르디아노 신부는 이 3중창을 부르고, 레오노라는 숨을 거둡니다.

과르디아노, 레오노라, 알바로 : 저주하지 마십시오
(Non imprecare)

(과르디아노)
Non imprecare,
저주하지 마십시오,

umiliati a Lui ch'è giusto e santo,
공평하시고 성스러우신 주님 앞에서 자신을 낮추십시오.

Che adduce a eterni gaudii per una via di pianto;
울음을 통해 영원한 기쁨으로 인도하십니다.

Prega! D'ira e fulgor sacrilego non profferir parola,
기도하십시오! 분노와 불경의 말은 한마디도 입 밖에 내지 마십시
오.

Vedi, vedi quest'angiol vola al trono del Signor.
보세요, 이 천사가 그분의 옥좌를 향해 날아가는 걸 보십시오.

(레오노라)
Sì, piangi e prega.
(죽어가는 목소리로) 네, 울면서 기도드립니다.

Di Dio il perdono io ti prometto.
(알바로에게) 당신에게 신의 용서가 있을 거예요. 제가 약속해요.

(알바로)
Un reprobo, un maledetto io sono.
난 버림받고, 저주받은 사람이요.

Flutto di sangue innalzasi fra noi.
우리들 사이로 피의 물결이 흐르네요.

(레오노라)
Piangi! Prega!
우세요! 그리고 기도하세요!

(과르디아노)
Prostrati!
무릎을 꿇으십시오!

(레오노라)
Di Dio il perdono io ti prometto.
당신에게 신의 용서가 있으리라 약속해요.

(알바로)
A quell'accento più non poss'io resistere.
더 이상 그 목소리를 견딜 수 없소.

(과르디아노)
Prostrati!
무릎을 꿇으세요!

(알바로)
Leonora, io son redento, dal ciel son perdonato!
레오노라, 난 구원받았고, 하늘로부터 용서받았소.

(레오노라와 과르디아노)
Sia lode a Te, Signor.
주여, 당신을 찬미합니다.

(레오노라)
Lieta or poss'io precederti alla promessa terra.
(알바로에게) 이제 제가 당신보다 먼저 약속의 땅으로 갈 수 있어
서 기뻐요.

Là cesserà la guerra, santo l'amor sarà.
그곳에서는 전쟁도 멈추고, 성스러운 사랑이 있겠지요.

(알바로)
Tu mi condanni a vivere e m'abbandoni intanto!
당신은 날 살게 하더니, 이젠 날 떠나는 거요!

Il reo, il reo soltanto dunque impunito andrà!
그 죄는 처벌받지 않을 텐데!

(과르디아노)
Santa del suo martirio,
성스런 순교로,

ella al Signor ascenda,
그녀는 주님께 승천할 것입니다.

E il suo martir t'apprenda la fede e la pietà!
그녀의 순교가 당신에게 믿음과 자비를 가르쳐주게 되길 바랍니다.

(레오노라)
In ciel ti attendo, addio!
하늘에서 당신을 기다릴게요. 안녕히!

(알바로)
Deh, non lasciarmi, Leonora, ah no, non lasciarmi……
이런, 가지 마요, 레오노라, 안돼, 가지 마…

(레오노라)
Ah…… ti precedo…… Alvaro…… Ah……
아… 먼저 갈게요… 알바로… 아…

Alvar…… Ah!
알바… 아!

(알바로)
Morta!
죽었네!

(과르디아노)
Salita a Dio!
신의 품으로 떠났어요!

난 유랑자이자 고아가 되어(Me, pellegrina ed orfana)

레오노라가 아버지 칼라트라바 후작이 연인 알바로와의 결혼을 반대하자, 집을 떠나 알바로와 사랑의 도피를 결행하기로 결심하고 부르는 곡

북 소리에(Al suon del tamburo)

마을 사람들이 모여 술을 마시고 있는 자리에 나타난 프레지오실라가 사람들에게 모두 전쟁에 나가 싸우라며 전쟁을 찬미하는 곡(전쟁 찬가)

내 이름은 페레다요(Son Pereda, son ricco d'onore)

아버지를 죽인 알바로와 동생 레오노라를 찾아나선 카를로가 타지 사람들로부터 자신의 정체를 밝히라는 요구를 받고, 자신을 소개하는 곡

거룩하신 성모님(Madre, Madre, pietosa, Vergine)

오빠 카를로가 자신의 연인 알바로를 찾아내 죽이려고 하는 것을 알게 된 레오노라가 성모에게 자신의 죄를 뉘우치면서 알바로를 지켜달라고 기도하는 곡

불행한 이에게는 삶이 지옥이지(La vita è inferno all'infelice)

레오노라와 헤어진 후 스페인 군대에 입대한 알바로가 부모에 이어 사랑하는 레오노라까지 잃었다고 생각하면서, 희망 없는 나날을 보내고 있는 자신의 처지를 한탄하며 부르는 곡

이 엄숙한 시간에(Solenne in quest'ora)

전투에서 중상을 입어 곧 죽게 될 것으로 생각한 알바로가 그를 구해준 카를로에게 자신의 마지막 부탁을 들어달라며 함께 부르는 2중창

운명의 상자여(Urna fatale del mio destino)

카를로가 알바로로부터 자신이 죽으면 함께 불태워달라고 부탁받은 상자를 받은 후, 이상한 예감에 사로잡혀 그 상자를 열면서 부르는 곡

라타플란(Rataplan)

프레지오실라가 북을 둥둥 치면 병사들의 사기가 올라간다는 뜻으로 다른 집시들과 함께 부르는 곡

신이여, 평안을 주소서(Pace, pace, mio Dio)

동굴 속에서 수도 생활을 하고 있던 레오노라가 자신이 겪고 있는 고통에 힘들어하면서, 차라리 죽음을 통해 평화를 얻고 싶다고 부르는 곡

저주하지 마십시오(Non imprecare)

마침내 알바로와 레오노라가 만나고 있을 때 카를로가 들어와 레오노라를 칼로 찌르고, 안타깝게 죽어가는 레오노라와 연인 알바로, 그리고 현장에 달려온 과르디아노 신부가 부르는 최후의 3중창

06
–

돈 카를로
Don Carlo

L'Essenza dell'opera di Giuseppe Verdi

개요

이 작품은 16세기 중반 스페인 펠리페(이탈리아어로는 필리포) 2세 국왕 시절 궁정에서 있었던 역사적 사실을 바탕으로, 로드리고라는 가상 인물을 추가하고 일부 픽션을 가미해 만든 작품으로, 부자 간 갈등, 사랑과 질투, 정치와 종교 간 대립, 구교와 신교 간 대립 등 다양한 요소가 응축되어 있는 베르디의 23번째 오페라입니다.

이 작품은 프랑스 파리 오페라극장의 요청으로 베르디가 독일의 문호 프리드리히 쉴러Friedrich von Schiller(1759-1805)의 동명 희곡을 토대로 만든 작품으로 1867년 3월 파리에서 초연되었습니다.

파리 오페라극장은 제2차 파리 국제박람회를 앞두고 이를 기념하기 위한 오페라 작곡을 베르디에게 의뢰했는데, 과거 극장 측 요청으로 작곡했던 작품이 큰 성공을 거두지 못한 데다 극장 측과 이견이 있어, 베르디는 처음에는 극장 측 제안을 거절했다고 합니다.

그러던 중 파리 오페라극장 총감독으로 새로 부임한 에밀 페렝 Emile Perrin이 쉴러의 작품을 소재로 제안하며 그랑 오페라 작곡을 요청하자, 베르디는 이를 수락하고 대본작가 조셉 메리Joseph Mery 및 까미유 뒤 로클Camille du Locle과 손잡고 5막의 그랑 오페라(프랑스어)를 완성했습니다.

이후 1884년 밀라노에서 4막의 이탈리아어 개정판이 공연되었고, 추후 이 개정판에서 제외되었던 제1막 부분(퐁텐블로 숲 장면)을 다시 살려 1886년에 5막의 이탈리아어 판(모데나 판)도 선보였습니다.

펠리페 2세는 신성로마제국 황제였던 카를로스 5세의 아들로 태어나 1556-1598년간 40년 넘게 스페인의 최전성기를 이끌었고 무적함대를 거느렸던 왕으로도 유명합니다. 돈 카를로는 펠리페 2세가 첫 부인인 포르투갈의 공주 마리아 마누엘라와의 사이에서 낳은 왕자인데, 부왕의 사랑을 받지 못하고 아버지에 의해 감옥에 갇힌 후 23살의 젊은 나이에 감옥에서 병사해, 스페인판 사도세자로 알려져 있습니다.

주요 등장인물

필리포 2세(스페인 국왕, 베이스)
카를로(스페인 왕세자, 테너)
엘리사벳타(스페인 왕비, 소프라노)
로드리고(카를로의 절친, 바리톤)
에볼리(공녀, 메조소프라노)
종교재판장(베이스)
수도승(카를로 5세, 베이스)

시놉시스와 주요 아리아(밀라노 판)

제1막

스페인의 산 쥬스토 수도원 안. 카를로는 자신과 결혼하기로 되어 있던 엘리사벳타를 아버지 필리포 2세의 정략결혼으로 인해 빼앗기게 된 상황을 원망하며 자신의 뒤틀린 운명과 고통을 이 아리아로 노래합니다.

카를로 : 그녀를 잃어버렸네(Io l'ho perduta)

Io l'ho perduta! Oh! potenza suprema!
그녀를 잃어버렸구나! 오! 강력한 힘이야!

Un altro, ···ed è mio padre···
다른 사람이··· 내 아버지라니,

un altro···a questi è il Re.
그 다른 사람이··· 바로 왕이야.

Lei che adoro m'ha rapita!
내가 사랑하는 여인을 왕이 빼앗아 가버렸어!

La sposa a me promessa!
나와 결혼을 약속했던 여인을!

Ah! quanto puro e bello fu il dì,
아! 얼마나 순수하고 아름다운 날이었던가,

il dì senza diman, in cui, ebri di speme,
내일을 생각하지 않고 희망에 부풀어

c'era dato vagar, nell'ombra, soli insieme, nel dolce suol
di Francia, nella foresta di Fontainebleau! nella foresta di
Fontainebleau!
그녀와 단둘이 달콤한 땅 프랑스, 퐁텐블로 숲속, 퐁텐블로 숲속 그
늘을 함께 걷던 시절이 있었어.

Io la vidi e il suo sorriso,
난 그녀를, 그리고 그녀의 미소를 보았지.

nuovo il ciel apriva a me!
내겐 새로운 천국이 열렸어!

Ah! per sempre or m'ha diviso da quel core un padre, un Re!
아! 왕인 내 아버지가 나와 내 사랑을 영원히 갈라놓다니!

Non promette un dì felice di mia vita il triste albor⋯
슬픈 여명이 단 하루도 내 삶의 행복한 날을 약속해 주지 않는구나.

M'hai rubato, incantatrice, e cor e speme e sogni e amor!
마법의 여신이여, 당신은 내 마음과 희망과 꿈과 사랑을 모두 가져
가 버리시는군요!

M'hai rubato speme e sogni e amor!
희망과 꿈과 사랑을 가져가 버리셨어요!

Ahimè, io l'ho perduta! Io l'ho perduta!
아아, 그녀를 잃고 말았구나, 그녀를 잃고 말았어!

　이때 카를로의 친한 벗 로드리고가 들어옵니다. 로드리고가 카를
로에게 슬퍼 보인다고 말하자, 카를로는 이제 계모가 된 엘리사벳타
를 아직도 사랑하고 있다며 마음의 고통을 털어놓습니다. 로드리고
는 놀라면서, 그 사랑은 잊고 자신과 함께 플랑드르로 가서 학정에
시달리고 있는 그곳 백성들을 구하자고 제안합니다. 두 사람은 함께
살고 함께 죽자고 우정을 맹세하면서 이 장중한 2중창을 부릅니다.

카를로, 로드리고 : 신이여, 저희 영혼을 채워주소서
(Dio, che nell'alma infondere)

Dio, che nell'alma infondere amor volesti e speme,
신이시여, 저희 영혼에 사랑과 희망을 불어넣어 주소서.

desio nel core accendere tu dei di libertà!
마음 속에서 자유의 신이 빛나도록 해주소서.

Giuriamo insiem di vivere e di morire insieme,
저희는 함께 살고 함께·죽기를 맹세합니다.

in terra, in ciel congiungere ci può, ci può la tua bonta.
당신의 선함은 땅과 하늘에서 저희 두 사람이 함께하도록 해주실
수 있으시지요.

Ah! Dio, che nell'alma infondere amor volesti e speme,
아! 저희 영혼에 사랑과 희망을 불어넣어 주시는 신이시여,

desio nel core accendere tu dei di libertà!
마음 속에서 자유의 신이 빛나도록 해주소서.

Vivremo insiem e morremo insiem!
저희는 함께 살고 함께 죽겠습니다.

Sarà l'estremo anelito, sarà, sarà un grido, un grido; libertà!
그것이 저희의 마지막 소원인 자유를 향한 절규가 될 것입니다.

Vivremo insiem, morremo insiemo!
저희는 함께 살고 함께 죽겠습니다.

grido estremo sarà; libertà!
저희의 마지막 절규는 바로 자유일 겁니다.

　　수도원 건물 밖에서는 공녀인 에볼리가 궁녀들에게 수도원 안에 들어간 엘리사벳타 왕비를 기다리는 동안 함께 노래를 부르자고 하면서, 만돌린 반주에 맞추어 무어풍의 이 감미로운 아리아(베일의 노래)를 부릅니다. 내용은 왕비에게 싫증을 느낀 사라센 왕이 베일을 쓴 미지의 무희에게 사랑을 고백하는데, 실은 그 무희가 왕의 사랑을 되찾기 위해 베일을 쓰고 나타난 왕비였다는 내용입니다.

에볼리 : 사라센궁의 아름다운 정원에서
(Nei giardin del bello saracin ostello)

Nei giardin del bello saracin ostello
사라센궁의 아름다운 정원에서

all'olezzo, al rezzo degli allor, dei fior
월계수 그늘 아래 향긋한 꽃내음과 함께

una bell'almea, tutta chiusa in vel,
베일로 몸을 감싼 아름다운 무희 한 사람이

contemplar parea una stella in ciel.
하늘의 별을 바라보고 있었지.

Mohammed, Re moro, al giardin sen va, dice a lei,
무어 왕 모하메드는 정원으로 나가 그녀에게 말했어.

"T'adoro, o gentil beltà!
"내 그대를 사랑하노라. 오 사랑스런 여인이여!

Vien, a sé t'invita per regnare il Re.
내가 그대를 거느리고 싶구나.

la Regina ambita non è più da me."
그토록 갈망했던 왕비는 이제 더 이상 내 곁에 없어."라고.

Ah! ah! ah! ~
아, 아, 아 ~ ~

(테발도와 함께)
Ah! Tessete i veli, vaghe donzelle, mentre è nei cieli l'astro maggior,
아! 아름다운 아가씨들, 가장 큰 별이 하늘에 떠 있는 동안 베일을 짜세요,

ché sono i veli al brillar delle stelle, più cari all'amor.
왜냐하면 가장 소중한 별을 빛나게 하기 위한 베일이니까요.

Tessete i veli, vaghe donzelle, mentre è nei cieli l'astro maggior,
아름다운 아가씨들, 가장 큰 별이 하늘에 떠 있는 동안 베일을 짜세요,

ché sono i veli al brillar delle stelle, più cari all'amor.
왜냐하면 가장 소중한 별을 빛나게 하기 위한 베일이니까요.

(에볼리)
"Ma discerno appena, chiaro il ciel non è,
"그런데, 날이 맑지 않아서 잘 보이지 않는구나.

i capelli belli, la man breve, il piè.
그대의 아름다운 머리카락과 작은 손과 발이.

Deh! solleva il velo che t'asconde a me;
그대를 가리고 있는 그 베일을 벗거라.

esser come il cielo senza vel tu de'.
구름 없는 하늘처럼,

Se il tuo cor vorrai a me dare in don,
그대가 그대 마음을 내게 열어준다면

Il mio trono avrai, ché sovrano io son."
그대는 내 왕좌를 누릴 수 있을 것이야. 내가 왕이니까!"라고.

"Tu lo vuoi? t'inchina, appagar ti vo'."
"제가 베일을 벗기를 원하시는 건가요? 그럼 보세요"

"Allah! La Regina!" Mohammed sclamò.
"아, 왕비잖아!" 모하메드는 외쳤지요.

Ah! ah! ah! ~~~
아, 아, 아! ~~~

Tessete i veli, vaghe donzelle, mentre è nei cieli l'astro maggior,
아름다운 아가씨들, 가장 큰 별이 하늘에 떠 있는 동안 베일을 짜
세요,

 ché sono i veli al brillar delle stelle, più cari all'amor.
왜냐하면 가장 소중한 별을 빛나게 하기 위한 베일이니까요.

Ah! Tessete i veli, vaghe donzelle, mentre è nei cieli l'astro
maggior,
아! 아름다운 아가씨들, 가장 큰 별이 하늘에 떠 있는 동안 베일을
짜세요,

ché sono i veli al brillar delle stelle, più cari all'amor.
왜냐하면 가장 소중한 별을 빛나게 하기 위한 베일이니까.

엘리사벳타가 수도원에서 나오자, 로드리고가 그녀 앞에 나타납
니다. 로드리고는 엘리사벳타에게 그녀의 어머니인 프랑스 모후의
편지를 전하면서 카를로가 쓴 쪽지도 몰래 건넵니다. 로드리고는 엘
리사벳타에게 카를로를 한 번 만나달라고 부탁하고, 엘리사벳타는
이를 허용합니다. 잠시 후 로드리고와 궁녀들이 모두 자리를 비켜준
가운데, 엘리사벳타 앞에 나타난 카를로는 그녀와 이 2중창을 부르
며 그녀에 대한 격정을 노래합니다.

카를로, 엘리사벳타 : 왕비께 부탁하러 왔습니다
(Io vengo a domandar)

(카를로)

Io vengo a domandar grazia alla mia Regina

왕비께 부탁하러 왔습니다.

quella che in cor del Re tiene il posto primiero sola potrà
ottener questa grazia per me.

폐하의 마음을 사로잡고 있는 당신만이 이 부탁을 들어줄 수 있습
니다.

Quest'aura m'è fatale, m'opprime, mi tortura, come il pensier
d'una sventura.

이곳 분위기는 불행에 대한 생각처럼 나를 짓누르고 힘들게 하네요.

Ch'io parta! N'è mestier!

내가 꼭 (플랑드르로) 가게 해주세요! 가야 해요.

Andar mi faccia il Re nelle Fiandre.

국왕께 나를 플랑드르로 보내달라고 말씀드려 주세요.

(엘리사벳타)

Mio figlio!

내 아들!

(카를로)

Tal nome no, ma quel d'altra volta!
그 이름 말고, 전에 부르던 이름으로 불러주세요.

Infelice! più non reggo! pietà!
난 불행해요! 더 이상 참을 수 없어요. 불쌍해!

soffersi tanto! pietà!
정말 힘들어요, 불쌍하게!

Il ciel avaro un giorno sol mi diè, poi rapillo a me!
하늘은 내게 단 하루만 허락하고, 이후 사라져 버렸어요!

(엘리사벳타)

Prence, se vuol Filippo udire la mia preghiera,
세자, 만일 필리포 국왕께서 내 청을 들어주신다면

per la Fiandra da lui rimessa in vostra man,
플랑드르는 그분을 통해 당신 손으로 넘겨질 테고

ben voi potrete partir doman.
당신은 내일 그곳으로 떠날 수 있을 거예요.

(카를로)

Ciel! Non un sol, un sol detto, pel meschino ch'esul sen va!
이런! 비참한 나에게 위로의 말은 한 마디, 단 한 마디도 하지 않다
니!

Ah! perché mai parlar non sento nel vostro cor la pietà?
아! 왜 당신으로부터 동정 어린 말을 들을 수 없는 건가요?

Ahimè! quest'alma è oppressa, ho in core un gel⋯
아! 내 찢긴 영혼이 탄식해요. 가슴이 시려요.

Insan! piansi, pregai nel mio delirio, mi volsi a un gelido marmo d'avel!
바보같이! 얼음처럼 차가운 대리석 같은 사람에게 내가 울면서 애원했던 거로군요.

(엘리사벳타)
Perché accusar il cor d'indifferenza?
왜 나의 무정함을 탓하나요?

Capir dovreste questo nobil silenzio.
점잖게 침묵해야 하는 내 마음을 이해해 주셔야 해요.

Il dover, come un raggio al guardo mio brillò, guidata da quell raggio io moverò.
내 눈에 비치는 한 줄기 빛처럼, 난 그 빛에 이끌려

La speme pongo in Dio, nell'innocenza.
순수한 마음으로 신의 뜻에 따르는 거예요.

(카를로)
Perduto ben, mio sol tesor,
행복을 잃어버렸구나, 내 소중한 사람.

ah, tu splendor di mia vita!
아, 내 삶의 기쁨이여.

Udir almen ti poss'ancor. Quest'alma ai detti tuoi schiuder si vede il ciel!
당신의 말을 듣고 있으면, 이 영혼에 천국이 열리는 게 보여요.

(엘리사벳타)
Clemente Iddio, così bel cor,
자비로우신 하느님, 이토록 아름다운 분,

acqueti il suo duol nell'obblio,
이 슬픔을 망각으로 치유해 주세요.

O Carlo addio,
오 카를로 안녕히,

su questo suol vivendo accanto a te mi crederei nel ciel!
당신 곁에서 살 수 있다면, 난 그곳을 천국이라고 믿을 거예요!

(카를로)
O prodigio! Il mio cor s'affida, si consola,
오, 놀랍네! 내 마음이 위안이 되네요.

il sovvenir del dolor s'invola, il ciel pietà senti di tanto duol.
내 고통은 사라지고, 하늘이 이 고통을 동정하네요.

Isabella, al tuo piè morir io vo' d'amor.
이사벨라, 당신 곁에서 사랑으로 죽고 싶어요.

(카를로가 졸도한다)

(엘리사벳타)
Giusto ciel,
자비로우신 하느님,

la vita già manca nell'occhio suo che lacrimò!
그의 눈은 이미 생기를 잃고 눈물을 흘리네.

Bontà celeste, deh! tu rinfranca quel nobil core che sì penò.
고통받고 있는 그 고귀한 마음이 되살아나도록 자비를 베풀어주세요.

Ahimè! il dolor l'uccide…
아! 그가 고통으로 죽어가고 있어요.

tra queste braccia io lo vedrò morir d'affanno, morir d'amore
colui che il ciel mi destinò!
하늘이 제게 운명지어준 사람이 제 품 속에서 고통스럽게 죽어가는
모습을 보아야 하나요!

(카를로)
Qual voce a me dal ciel scende a parlar d'amor?
하늘에서 사랑의 소리가 내려온 건가?

Elisabetta! tu, bell'adorata…
엘리사벳타! 아름다운 당신…

(엘리사벳타)
O delirio, o terro!
오 제 정신이 아니구나, 오 무서워!

(카를로)
assisa accanto a me come ti vidi un dì!
예전 당신을 보았을 때처럼 당신은 내 곁에 앉아 있네!

Ah! il ciel s'illuminò, la selva rifiorì!
아! 하늘이 밝아졌고 숲에 다시 꽃이 피어났어!

(엘리사벳타)
Egli muore! O ciel, ei muore!
그가 죽어가고 있네! 오 하늘이여, 그가 죽어가고 있어!

(카를로)
O mio tesor! sei tu, mio dolce amor!
오 내 사랑, 당신은 나의 사랑!

(엘리사벳타)
Gran Dio! Giusto ciel!
맙소사! 자비로운 하늘이여!

(카를로)
bell'adorata, bell'adorata, sei tu, sei tu!
당신, 당신은 아름다운 사람이에요!

(엘리사벳타)
Ah! giusto cielo! giusto cielo!
아! 자비로운 하늘이여! 자비로운 하늘이여!

(카를로)
Alla mia tomba, al sonno dell'avel sottrarmi perché vuoi,
spietato ciel!
잔인한 하늘이여, 왜 저를 무덤으로, 죽음의 잠으로 이끌려 하시나
요?

(엘리사벳타)
Oh! Carlo! Oh! Carlo!
오! 카를로! 오! 카를로!

(카를로)
Sotto al mio piè si dischiuda la terra,
내 발밑에서 땅이 갈라지고

il capo mio sia dal fulmin colpito,
내 머리 위로 벼락이 치더라도,

io t'amo, io t'amo, io t'amo Elisabetta,
난 당신을 사랑해요. 사랑해요, 엘리사벳타,

il mondo è a me sparito, sparito a me!
내게 세상은 사라지고 없어요!

(카를로가 엘리사벳타를 껴안자, 엘레사벳타는 뒷걸음친다)

(엘리사벳타)
Compi l'opra, a svenar corri il padre,
일을 끝내세요. 가서 아버지를 죽이세요.

ed allor del suo sangue macchiato,
아버지의 피로 얼룩진 채

all'altar puoi menare la madre!
어머니를 제단으로 인도하세요.

Va, va, va, e svena tuo padre!
가세요, 가요, 어서 가서 당신 아버지를 죽이세요!

(카를로)
Ah! maledetto io son.
아! 난 저주받았구나.

(카를로가 절망하며 뛰쳐나간다)

(엘리사벳타)
Ah! Iddio su noi vegliò! Signor! Signor!
아! 하늘이시여, 우리를 지켜주소서! 하늘이시여!

이때 필리포 왕이 정원으로 나오더니 항상 시녀와 함께 있어야 할 왕비가 어째서 혼자 있느냐며, 당직 시녀가 누구냐고 묻습니다. 아렘베르크 백작부인이 앞으로 나서자, 필리포 왕은 그녀를 질책하며 다음 날 해가 뜨면 프랑스로 돌아가라고 명령합니다.

프랑스에서 어린 시절을 함께 보냈고 스페인으로 시집와서도 늘 의지했던 벗 아렘베르크 백작부인을 꼼짝없이 떠나보내야 하는 엘리사벳타는 이 아리아를 부르며 그녀를 위로합니다.

엘리사벳타 : 울지 마요, 내 벗이여
(Non piange, mia compagna)

Non piange, mia compagna,
울지 마요, 내 벗이여,

non pianger no, lenisci il tuo dolor.
울지 말고, 고통을 가라앉혀요.

Bandita sei di Spagna,
그대는 스페인을 떠나는 것일 뿐

ma non da questo cor.
내 마음에서 떠나는 건 아니에요.

Con te del viver mio fu lieta l'alba ancor,
그대와 함께 보낸 어린 시절은 행복했어요.

ritorna al suol natio, ti seguirà il mio cor, ah!
우리 고향으로 돌아가세요, 내 마음도 그대를 따라갈 테니.

Ah! ti seguirà, ti seguirà il mio cor!
아! 내 마음도 그대를 따라갈 거야!

Ricevi estremo pegno, un pegno di tutto il mio favor;
(반지를 주며) 내 호의의 표시로 이 반지를 줄테니 받아요,

cela l'oltraggio indegno onde arrossisco ancor.
내 얼굴을 붉게 하는 가치 없는 분노는 감춰요.

Non dir del pianto mio, del crudo mio dolor.
내 눈물도, 내 잔인한 슬픔도 말하지 말고.

Ritorna al suol natio, ti seguirà il mio cor, ah! ~
고향으로 돌아가세요, 내 마음도 그대를 따라갈 거예요.

Spirto gentil e pio, acqueta il tuo dolor.
점잖고 충실한 벗이여, 그대 고통을 가라앉혀요.

Ritorna al suol, al suol natio, coi voti del cor, del mio cor.
고향으로, 고향으로 돌아가세요, 내 마음도 그대와 함께 할테니.

　그곳에 있던 사람들이 모두 떠나자, 필리포 국왕은 로드리고를 따로 불러 나라를 위한 그의 노력과 진심을 잘 안다고 하면서 특별히 바라는 것이 있는지 묻습니다. 로드리고는 자신은 바라는 것이 없지

만, 신교도들에 대한 무자비한 탄압이 이루어지고 있는 플랑드르에 대해서는 관용을 베풀어 달라고 요청합니다.

필리포 국왕은 플랑드르에도 스페인과 같은 평화를 주고 싶다면서 이 문제는 더 이상 거론하지 말라고 하고, 언제든 왕비와 이야기할 수 있는 자유를 허용할 테니 왕비와 카를로의 속마음을 알아봐 달라고 명합니다.

제2막

왕비의 정원. 카를로는 자정에 월계수 나무 아래에서 만나자는 편지를 받고 엘리사벳타가 그 편지를 보낸 줄 알고 그녀를 기다립니다. 사실 이 편지는 에볼리가 보낸 것이었는데, 카를로는 에볼리가 베일을 쓰고 나타나자 엘리사벳타가 온 줄 알고 그녀에 대한 불타는 마음을 이 아리아로 노래합니다. 도중에 에볼리는 카를로가 사랑하는 사람이 자신이 아닌 왕비라는 사실을 알고는, 격렬한 분노에 사로잡힙니다.

카를로, 에볼리 : 아름다운 그대(Sei tu, sei tu, bell'adorata)

(카를로)
Sei tu, sei tu, bell'adorata, che appari in mezzo ai fior!
꽃 속에서 나타난 아름다운 그대!

Sei tu, sei tu, l'alma beata già scorda il suo dolor!
축복받은 내 영혼은 이미 고통을 잊었어요.

O tu cagion del mio contento,
오 내 행복의 원천인 그대여.

Parlarti posso almen!
난 그대에게 말할 수 있어요!

O tu cagion del mio tormento,
오 내 고통의 원천인 그대여,

sei tu, amor mio, sei tu, mio ben!
당신, 당신이 바로 내 사랑이라고!

(에볼리)
Un tanto amor è gioia a me suprema!
(혼자말로) 이런 사랑은 내게 더할 나위 없는 기쁨이야.

Amata, amata io son!
난 사랑받고 있어, 사랑받고 있다구!

(카를로)
L'universo obbliam!
우리 이 세상을 모두 잊읍시다.

Te sola, o cara, io bramo!
난 당신만, 내 사랑 당신만 그리워해요.

Passato più non ho, non penso all'avvenir!
내게 더 이상 과거는 없고, 미래도 생각하지 않아요.

Io t'amo, io t'amo!
사랑해요, 사랑해!

(에볼리)
Possa l'amor il tuo cor… al mio cor… il tuo cor… sempre unir!
당신 마음과 제 마음이 언제나 하나가 되기를!

(카를로)
L'universo obbliam,
우리 이 세상은 모두 잊어버립시다.

La vita è il ciel istesso!
내 삶이 천국 그 자체요.

Io t'amo, io t'amo!
사랑해요, 사랑해!

(에볼리)
Oh! gioia suprema!
오! 최고의 기쁨이여!

(카를로, 에볼리가 베일을 벗자)
Ciel! Non è la Regina!
(혼자말로) 맙소사, 왕비가 아니잖아!

(에볼리)
Ahimè! Qual mai pensiero vi tien pallido, immoto, e fa gelido il labbro?
아! 무슨 생각 때문에 이렇게 창백해지고, 꼼짝하지도 못하고, 입술도 얼어붙었어요?

Quale spettro si leva fra noi?
우리 사이에 유령이라도 들어왔나요?

Non credete al mio cor, che sol batte per voi?
당신 때문에 고동치는 제 마음은 믿지 않으시나요?

V'e ignoto forse, ignoto ancora qual fier agguato a' piedi vostri
sta?
당신 발 아래 어떤 잔인한 함정이 있는지 아직도 모르세요?

Sul vostro capo, ad ora, ad ora la folgore del ciel piombar
potrà!
당신 머리 위로 번개가 내리칠 수도 있어요.

(카를로)
Deh! nol credete ad ora, ad ora più denso vedo delle nubi il
vel;
이런! 내가 구름보다 더 짙은 장막을 모를 것 같아요?

Su questo capo io veggo ognora pronto a scoppiar la folgore
del ciel!
내 머리 위에 언제든 내리칠 준비가 되어 있는 하늘의 번개를 보고
있어요.

(에볼리)
Udii dal padre, da Posa istesso in tuon sinistro di voi parlar,
국왕과 포사 후작이 당신에 대해 불길한 말을 하는 걸 들었어요.

(카를로)
Rodrigo!
로드리고가!

Qual mistero a me si rivelò, qual mistero!
무슨 비밀이 밝혀졌지, 무슨 비밀이!

(에볼리)
Salvarvi poss'io. Io v'amo!
전 당신을 구할 수 있어요. 당신을 사랑해요!

Salvarvi poss'io, salvarvi poss'io. Io v'amo!
전 당신을 구할 수 있어요. 구할 수 있어요. 사랑해요!

Ah, Carlo!
아, 카를로!

(카를로)
Il vostro inver celeste è un core, ma chiuso il mio restar al gaudio de'!
당신은 정결한 마음을 가지고 있지만, 난 그 마음을 받을 수 없어요.

Noi facemmo ambedue un sogno strano, in notte si gentil tra il profumo dei fior.
꽃내음 짙은 이 밤에 우리는 서로 이상한 꿈을 꾸고 있군요.

(에볼리)
Un sogno! O ciel!
꿈이라구요! 오 맙소사!

Quelle parole ardenti ad altra credeste, rivolgere illuso!
당신은 절 다른 사람으로 생각하고 그 뜨거운 말씀을 하신 거로군
요!

Qual balen! Qual mister!
아 알겠다! 커다란 비밀이네!

Voi la Regina amate!
당신은 왕비를 사랑하시는군요!

(카를로)
Pietà!
맙소사!

에볼리는 자신이 마음에 상처를 입은 호랑이라며 카를로에게 복
수하겠다고 합니다. 그러자 로드리고가 칼을 빼 그녀를 죽이겠다고
위협하는데, 카를로가 이를 제지하고, 에볼리는 분노하며 어둠 속
으로 사라집니다.

얼마 후 성당 앞 광장에서 이단자 화형식이 개최되는 날입니다.
필리포 국왕이 카톨릭 수호 의지를 강조하고 있을 때 카를로가 6명
의 플랑드르 및 브라반트 대표들과 함께 국왕 앞에 나타납니다. 카
를로는 이들을 대변하며 두 지역을 자신에게 달라고 하는데, 국왕은
어떻게 감히 그런 요구를 하느냐며 카를로를 나무랍니다.

분노한 카를로는 국왕 앞에서 칼을 빼드는데 격분한 국왕도 근위
대장의 칼을 빼듭니다. 상황이 심각해지자, 로드리고가 나서 카를로
에게 칼을 달라고 하고, 그가 칼을 건네자 국왕에게 카를로의 칼을
바칩니다. 이에 국왕은 로드리고를 후작에서 공작으로 승격 임명합
니다. 곧이어 이단자들에 대한 화형식을 진행하라는 왕의 명령에 따
라 이들에 대한 화형이 이루어집니다.

제3막

늦은 밤 왕의 서재. 밤늦도록 잠을 이루지 못하는 필리포 국왕은
아내 엘리사벳타가 자신을 단 한 번도 사랑한 적이 없었다고 한탄하
며, 자신의 외로움과 괴로움을 이 아리아로 토로합니다.

필리포 : 그녀는 결코 날 사랑하지 않았어
(Ella giammai m'amò)

Ella giammi m'amò!
그녀는 결코 날 사랑하지 않았어!

No, quel cor chiuso a me,
아니, 나에 대한 그녀의 마음이 닫혀있는 거지!

Amor per me non ha!… per me non ha!
나에 대한 사랑이란 게 없는 거지! 사랑이 없는 거야!

Io la rivedo ancor contemplar triste in volto, il mio crin
bianco, il dì che qui di Francia venne.

그녀가 프랑스에서 이곳에 도착하던 그날, 내 흰머리를 보고 그녀가
얼마나 슬픈 표정이었는지 아직도 기억나는구나.

No, amor per me non ha! amor per me non ha!
나에 대한 사랑이 없는 거지! 사랑이 없는 거야!

Ove son?
내가 지금 어디 있는 거지?

Quel doppier presso a finir!
촛불이 거의 꺼지려고 하는데!

L'aurora imbianca il mio veron··· già spunta il dì!
새벽은 내 발코니를 비추고··· 벌써 동이 터오고 있구나!

Passar veggo i miei giorni lenti!
내 시대가 서서히 지나가고 있구나!

Il sonno, o Dio, sparì da' miei occhi languenti!
오 신이시여, 나른한 내 눈에선 잠도 사라져 버렸구나!

Dormirò sol nel manto mio regal,
난 어의를 입고 잠들어 있겠지.

quando la mia giornata è giunta a sera,
내 시간이 다 지나고 나면

dormirò sol sotto la volta nera,
어두운 천정 아래 혼자 잠들어 있겠지.

dormirò sol sotto la volta nera,
어두운 천정 아래 홀로,

là nell'avello dell'Escurial.
저 왕묘 안 어두운 천정 아래에서.

Se il serto regal a me desse il poter
만일 이 왕좌가 내게 힘을 준다면

di leggere nei cor che Dio può sol, può sol veder!
사람의 마음을 읽을 수 있는, 오직 신만이 가능한 그런 힘을 준다면!

Ah! se il serto regal a me desse il poter
아! 만일 이 왕좌가 내게 힘을 준다면

di leggere nei cor, che Dio può sol veder!
사람의 마음을 읽을 수 있는, 오직 신만이 가능한 그런 힘을 준다면!

Se dorme il prence, veglia il traditore;
세자가 잠이 들면, 배신자는 지켜보겠지.

Il serto perde il Re, il consorte l'onore!
그럼 난 왕좌를 잃고, 남편의 명예도 잃어버리겠구나!

Dormirò sol nel manto mio regal,
난 어의를 입고 잠들어 있겠지.

quando la mia giornata è giunta a sera,
내 시간이 다 지나고 나면

dormirò sol sotto la volta nera,
어두운 천정 아래 혼자 잠들어 있겠지,

dormirò sol sotto la volta nera,
어두운 천정 아래 혼자 잠들어 있겠지,

là nell'avello dell'Escurial.
저 왕묘 안 어두운 천정 아래에서.

Ah! se il serto regal a me desse il poter di leggere nei cor!
아! 만일 이 왕좌가 내게 사람의 마음을 읽을 수 있는 힘을 준다면!

Ella giammai m'amò!
그녀는 결코 날 사랑하지 않았어!

No, quel cor chiuso a me,
아니, 나에 대한 그녀의 마음이 닫혀있는 거야!

Amor per me non ha!⋯ amor per me non ha!
나에 대해선 사랑이 없는 거야!⋯ 사랑이 없는 거야!

종교재판장이 들어오자 필리포는 그에게 카를로 처리 문제를 꺼내는데, 종교재판장은 교회를 위해서라면 죽음을 포함해 모든 것이 용납된다고 말합니다. 재판장은 필리포에게 로드리고야말로 카톨릭을 위협하는 사악한 이단자라면서 그를 처벌할 것를 요구하는데, 필리포는 이에 반대합니다. 그러자 재판장은 자신이 그간 카를로 5세와 필리포 2세 두 명의 왕을 모시며 카톨릭을 보호했는데 그 위업을 허물고자 하느냐면서 불쾌감을 표시하고 돌아갑니다.

재판장이 나간 후 엘리사벳타가 필리포에게 달려와 자신의 보석함을 누가 훔쳐 갔다며 범인을 잡아달라고 합니다. 왕은 책상 위에 놓여있는 보석함을 가리키며 이걸 찾느냐고 물어보면서 보석함을 열어보라고 합니다. 엘리사벳타가 머뭇거리자 왕은 직접 보석함을 여는데, 거기에서 카를로의 초상화가 나옵니다. 왕은 엘리사벳타를 의심하며 자신을 배신했을 경우 피의 처벌을 면하지 못할 것이라고 추궁하고, 놀란 엘리사벳타는 그만 혼절하고 맙니다.

얼마 후 엘리사벳타가 의식을 회복하면서 자신의 처지를 한탄하자, 공녀인 에볼리는 양심의 가책을 느껴 사실 그 보석함은 왕비를 곤경에 빠트리려고 자신이 국왕의 책상 위에 가져다 두었으며, 자신이 그간 국왕과 불륜을 저질러 왔다고 고백합니다. 분노한 엘리사벳타는 에볼리에게 수녀원으로 들어가거나 추방 가운데 택일하라고 말합니다.

에볼리는 이 모든 일이 자신의 미모 때문에 일어났다고 하면서, 자칫 목숨을 잃을 위기에 처한 카를로를 구해내겠다는 각오를 다지며 이 아리아를 부릅니다.

에볼리 : 오 가혹한 선물(O don fatale)

O don fatale, o don crudel,
오 가혹한 선물, 오 잔인한 선물,

che in suo furor mi fece il cielo!
하늘이 내게 주신 불행한 선물이여!

Tu che ci fai sì vane, altere,
넌 날 허영에 차고 오만하게 하지,

ti maledico, ti maledico, o mia beltà!
내 미모야! 난 널 저주한다, 저주해.

Versar, versa sol posso il pianto,
나는 눈물만 흘릴 뿐이로구나.

speme non ho, soffrir dovrò!
아무 희망도 없이 고통스럽게!

Il mio delitto è orribil tanto che cancellar mai nol potrò!
내 죄가 너무 끔찍해서 결코 없어지지는 않겠지!

Ti maledico, ti maledico, o mia beltà!
내 미모야! 난 널 저주한다, 저주해.

O mia Regina,
오 왕비님,

io t'immolai al folle error di questo cor.
제 잘못된 마음 때문에 죄 없는 당신을 희생시켰습니다.

Solo in un chiostro al mondo omai dovrò celar il mio dolor!
이제 수녀원에 가서 제 고통을 모두 묻어두겠습니다.

ohimè! ohimè! o mia Regina,
아, 이럴 수가, 오 왕비님,

Solo in un chiostro al mondo omai dovrò celar il mio dolor!
이제 수녀원에 가서 제 고통을 모두 묻어두겠습니다.

Solo in un chiostro al mondo omai dovrò celar il mio dolor!
이제 수녀원에 가서 제 고통을 모두 묻을게요.

Oh ciel! E Carlo?
오 맙소사, 카를로는?

A morte domani, gran Dio!
내일이면 죽을텐데, 맙소사!

andar vedrò!
가서 만나야겠어!

Ah! un dì mi resta, la speme m'arride!
아! 내게 하루가 남아있어. 아직 희망은 있어!

Sia benedetto il ciel!
하늘이시여, 축복해 주소서!

Lo salverò.
그분을 살려낼 거야.

Un dì mi resta, un dì mi resta,
내게 하루가 남아있어. 아직 하루가 남았어.

Ah! sia benedetto il ciel!
아! 하늘이시여, 축복해 주소서!

Sì, lo salverò!
그래, 내가 그분을 살려내고 말 거야!

　로드리고는 카를로와 플랑드르를 위해 자신을 희생하기로 결심하고, 감옥에 갇혀 있는 카를로를 찾아와 그를 위해 죽을 수 있어 행복하다며 이 아리아를 부릅니다. 로드리고는 이 아리아를 부르는 도중 저격수의 총에 맞아 쓰러집니다(대본에는 저격수가 누구인지 나오지 않지만, 대다수 공연에서는 카톨릭 교회가 신교 옹호자인 로드리고를 제거한 것으로 해석하고 연출에 반영합니다).

로드리고 : 내게 마지막 날이 왔네
(Per me giunto è il dì supremo)

Per me giunto è il dì supremo,
내게 마지막 날이 왔네,

no, mai più ci rivedrem;
이제 우린 더 이상 만나지 못하겠지.

Ci congiunga Iddio nel ciel,
신께서 우릴 천국에서 다시 만나게 해주실 걸세.

Ei che premia i suoi fedel'.
그분을 믿는 이들에겐 보답을 해주시니 말일세.

Sul tuo ciglio il pianto io miro;
자네 눈에 눈물이 보이는군.

Lagrimar, lagrimar così perché?
왜 그렇게 눈물을, 눈물을 흘리나?

No, fa cor, no, fa cor,
안돼, 마음을 굳게 먹게, 마음을 굳게 먹어,

l'estremo spiro, l'estremo spiro lieto è a chi morrà, morrà per te.
내 마지막 숨은 즐겁다네. 자네를 위해 죽을 수 있으니 말이야.

No, fa cor, no, fa cor,
안돼, 마음을 굳게 먹게, 마음을 굳게 먹어,

l'estremo spiro lieto è a chi morrà per te,
내 마지막 숨은 즐겁다네. 자네를 위해 죽을 수 있으니 말이야.

lieto è a chi morrà per te.
자네를 위해 죽을 수 있으니 말이야.

(카를로)
Che parli tu di morte?
자네는 왜 죽음을 말하나?

(로드리고)
Ascolta, il tempo stringe.
들어봐, 시간이 없어.

Rivolta ho già su me la folgore tremenda!
난 이미 반란이라는 엄청난 걸 가지고 있네!

Tu più non sei oggi il rival di Re,
자네는 이제 더 이상 국왕의 라이벌이 아니야.

Il fiero agitator delle Fiandre… son io!
플랑드르의 자랑스런 선동가… 그게 바로 나야!

(카를로)
Chi potrà prestar fé?
누가 그 말을 믿겠나?

(로드리고)
Le prove son tremende!
증거는 많아!

I fogli tuoi trovati in mio poter··· della ribellion testimoni son chiari,
내가 가지고 있는 자네의 서류들이 명백한 증거지,

e questo capo al certo a prezzo è messo già.
그리고 내 머리엔 이미 현상금이 붙어있어.

(카를로)
Svelar vo' tutto al Re.
내가 폐하께 모든 걸 밝히겠네.

(로드리고)
No, ti serba alla Fiandra,
안돼, 자넨 플랑드르를 위해 애써줘야지.

ti serva alla grand'opra.
대업을 위해 애써줘.

tu la dovrai compire un nuovo secol d'or rinascer tu farai;
자네는 새로운 황금 세기를 완성해야 하고, 다시 태어나게 될 거야.

regnare tu dovevi, ed io morir per te.
자네는 통치자가 되어야 하고, 난 자네를 위해 죽을 거야.

(로드리고가 저격병의 총에 쓰러진다)

　　카를로가 놀라며 안타까워하자, 로드리고는 왕의 복수가 시작되

었다면서, 자신을 잊지 말 것과 플랑드르 백성들을 탄압에서 구해달
라고 부탁하는 이 아리아를 부르며 죽어갑니다.

로드리고 : 오 카를로, 들어봐(O Carlo, ascolta)

 O Carlo, ascolta,
오 카를로, 들어봐,

la madre t'aspetta a San Giusto doman,
자네 어머니는 내일 산 쥬스토 수도원에서 자네를 기다리고 있을
거야,

tutto ella sa…
그녀는 모든 걸 다 알고 있어.

Ah! la terra mi manca…
아! 힘이 없어지네!

Carlo mio, a me porgi a man!
카를로, 내게 손을 줘봐!

Io morrò, ma lieto in core,
난 죽어가지만, 마음은 기쁘네,

Ché potei così serbar alla Spagna un salvatore!
이런 스페인의 구원자와 함께 하고 있으니 말이야!

Ah! di me… non ti scordar!
아! 날 잊지 않겠다고… 말해주게!

Ah! di me… non ti scordar!
아! 말해줘… 날 잊지 않겠다고!

Di me… non ti scordar!
잊지 않겠다고… 말해줘!

Regnare tu dovevi.
자네는 통치자가 되어야만 해.

Ah! io morrò, ma lieto in core,
아! 난 죽어가지만, 마음은 기쁘네,

ché potei così serbar alla Spagna un salvatore!
이런 스페인의 구원자와 함께 하고 있으니 말이야!

Ah! di me… non ti scordar!
아! 날 잊지 않겠다고… 말해주게!

Ah! la terra mi manca…
아! 힘이 없어지네!

La mano a me… a me…
손을, 내게 손을…

Ah! salva la Fiandra…
아! 플랑드르를 구해주게…

Carlo, addio, ah! ah!
카를로, 안녕, 아! 아!

　카를로가 로드리고의 시신을 부여잡고 슬퍼하고 있을 때, 필리포 국왕이 들어옵니다. 필리포는 카를로에게 칼을 돌려주는데, 그 순간 분노한 수많은 군중이 카를로를 풀어달라고 요구하며 몰려옵니다.

제4막

　엘리사벳타는 산 쥬스토 수도원에서 카를로를 기다리고 있습니다. 그녀는 예전 퐁텐블로 숲에서 카를로를 처음 만났던 날을 추억하면서 그가 이제 새로운 길을 열어가도록 도와야 한다는 결심을 이 아리아로 노래합니다.

엘리사벳타 : 세상의 허무함을 아는 당신은
(Tu che le vanità conosceti del mondo)

Tu che le vanità conoscesti del mondo
세상의 허무함을 아는 당신은,

e godi nell'avel il riposo profondo,
관 속에서 깊은 안식을 누리고 계시겠지요.

s'ancor si piange in cielo,
천국에서도 눈물을 흘릴 수 있다면,

piangi sul mio dolore,
제 슬픔을 위로하는 눈물을 흘려주세요.

e porta il pianto mio al trono del Signor,
그리고 그 눈물을 신이 계신 곳으로 보내주세요.

il pianto mio porta al trono del Signor.
제 눈물을 신이 계신 곳으로 보내주세요.

Carlo qui verrà, sì!
카를로가 여기로 올거야, 맞아!

che parta e scordi omai…
그는 이제 나를 잊고 이곳을 떠나야 해.

A Posa di vegliar sui giorni suoi giurai.
포사(로드리고)에게 카를로를 지켜주겠다고 맹세했었지.

Ei segua il suo destin, la gloria il traccerà.
그의 운명을 따라야 해, 영광이 그와 함께할 거야.

Per me, la mia giornata a sera è giunta già!
나의 날은 이미 저물어가고 있어.

Francia, nobile suol, sì caro a' miei verd'anni!
프랑스, 내 어린 시절 그토록 사랑스러웠던 고귀한 나라!

Fontainebleau! vêr voi schiude il pensir i vanni,
퐁텐블로! 내가 생각의 나래를 펼치도록 해주었고

eterno giuro d'amore là Dio da me ascoltò,
신은 그곳에서 영원한 사랑의 맹세를 들어주셨지.

e quest'eternità un giorno sol durò.
그 영원한 맹세는 단 하루밖에 가지 못했지.

Tra voi, vaghi giardin di questa terra ibera,
우리들 사이에 있는 이 이베리아 정원에서

se Carlo ancor dovrà fermar i passi a sera
만일 카를로가 저녁에 발길을 멈춰야 한다면

che le zolle, il ruscelli, i fonti, i boschi, i fior con le lor armonie
cantino il nostro amor.
이 정원에 있는 흙, 개울, 분수, 숲, 꽃들이 조화를 이루며 우리 사랑
을 노래해 줄 텐데…

Addio! Addio! bei sogni d'or illusione perduta!
안녕, 안녕, 아름다운 황금빛 꿈과 환상이 사라져 버렸어!

Il nodo si spezzò, la luce è fatta muta!
인연은 끊어지고, 빛은 사라져 버렸지!

Addio! Addio! verd'anni ancor!
내 청춘이여, 안녕!

Cedendo al duol crudel, il cor ha un sol desir;
잔인한 고통을 이겨내며, 내 마음은 오직 하나만 바라고 있어.

la pace dell'avel!
바로 평화로운 죽음!

Tu che le vanità conoscesti del mondo
세상의 허무함을 아시는 당신은

e godi nell'avel il riposo profondo,
이제 관 속에서 깊은 안식을 누리고 계시겠지요.

s'ancor si piange in cielo,
천국에서도 눈물을 흘릴 수 있다면,

piangi sul mio dolore,
제 슬픔을 위해 눈물을 흘려주세요.

e porta il pianto mio al trono del Signor,
그리고 그 눈물을 신이 계신 곳으로 보내주세요.

il pianto mio porta al trono del Signor,
그 눈물을 신이 계신 곳으로 보내주세요.

il pianto mio porta al trono del Signor,
그 눈물을 신이 계신 곳으로 보내주세요.

s'ancor si piange, si piange in cielo,
천국에서도 눈물을 흘릴 수 있다면,

ah, il pianto mio reca a' piè del Signor.
아, 제 슬픔을 신의 발 아래로 전해주세요.

엘리사벳타 앞에 카를로가 나타납니다. 엘리사벳타는 카를로에게 로드리고를 생각하라고 하고, 카를로도 플랑드르 백성들을 위해 떠나기로 결심하고 훗날 천국에서 만날 것을 기약하면서 서로 영원한 이별을 노래합니다.

이때 필리포와 종교재판장이 함께 들어와 카를로와 엘리사벳타 두 사람이 함께 있는 장면을 보고는 두 사람의 희생을 통해 자신들의 의무를 다하겠다고 선언합니다.

놀란 카를로가 할아버지인 카를로 5세의 무덤쪽으로 뒷걸음치자, 갑자기 수도원의 문이 열리며 카를로 5세의 복장을 한 수도사가 나타납니다. 수도사는 카를로 5세의 목소리로 세속의 고통은 오직 천국에서만 평온해질 것이라고 말하며 혼절한 카를로를 데리고 수도원 안으로 사라지고 오페라는 막을 내립니다.

그녀를 잃어버렸네(Io l'ho perduta)

카를로가 사랑하는 정혼녀 엘리사벳타를 부왕에게 빼앗기게 된 상황을 알고, 자신의 뒤틀린 운명과 고통을 노래하는 곡

신이여, 저희 영혼을 채워주소서(Dio, che nell'alma infondere)

카를로와 로드리고가 고통받는 플랑드르 지방 백성들을 구하자는 대의를 위해 함께 하기로 하면서 두 사람의 우정과 각오를 다짐하는 2중창

사라센궁의 아름다운 정원에서(Nei giardin del bello saracin ostello)

에볼리가 부르는 무어풍 곡으로, 왕비에게 싫증을 느낀 사라센왕이 베일을 쓴 미지의 무희에게 사랑을 고백하는데, 실은 그 무희가 왕의 사랑을 되찾기 위해 베일을 쓴 왕비였다는 내용

왕비께 부탁하러 왔습니다(Io vengo a domandar)

카를로가 엘리사벳타에게 자신이 플랑드르로 갈 수 있도록 왕에게 요청해달라고 부탁하러 왔다가, 엘리사벳타에 대한 격정을 노래하는 곡

울지 마요, 내 벗이여(Non piange, mia compagna)

엘리사벳타가 왕의 명령에 의해 스페인을 떠나 프랑스로 돌아가게 된 벗이자 동무였던 아랑베르 백작부인에게 이별을 슬퍼하며 위로하는 곡

아름다운 그대(Sei tu, sei tu, bell'adorata)

카를로가 베일을 쓰고 나타난 에볼리를 엘리사벳타로 잘못 알고 엘리사벳타에 대한 불타는 심정을 노래하는 곡

그녀는 결코 날 사랑하지 않았어(Ella giammai m'amò)

필리포가 늦은 밤 자신의 아내 엘리사벳타가 자신을 단 한 번도 사랑한 적이 없다고 한탄하며, 자신의 외로움과 괴로움을 노래하는 곡

오 가혹한 선물(O don fatale)

에볼리가 자신이 겪은 모든 일은 자신의 아름다운 미모 때문에 일어난 것이라고 하면서 위기에 처한 카를로를 구하겠다는 각오를 다지는 곡

내게 마지막 날이 왔네(Per me giunto è il dì supremo)

로드리고가 카를로와 플랑드르를 위해 희생하기로 결심하고 카를로에게 마음을 굳게 먹고 플랑드르 백성들을 탄압에서 구해주도록 부탁하는 곡

오 카를로, 들어봐(O Carlo, ascolta)

로드리고가 죽어가며 카를로에게 자신을 잊지 말 것과 플랑드르 백성들을 탄압에서 구해달라고 재차 부탁하는 곡

세상의 허무함을 아는 당신은(Tu che le vanità conosceti del mondo)

엘리사벳타가 카를로를 기다리면서 예전 퐁텐블로 숲에서 그를 처음 만났던 날을 추억하며 부르는 곡

07
—
아이다
Aida

L'Essenza dell'opera di Giuseppe Verdi

손에 잡히는 아리아 : 베르디 엣센짜

이 작품은 홍해와 지중해를 잇는 수에즈 운하 개통(1869)을 축하하고 새로 건립된 카이로 오페라극장 개관(1870)을 기념하기 위해 당시 이집트 총독이 베르디에게 작곡을 의뢰해 만들어진 작품으로, 베르디의 24번째 오페라입니다.

베르디는 23번째 오페라인 〈돈 카를로〉 프랑스어판 작업을 함께 했던 프랑스 대본 작가 까미유 뒤 로클Camille du Locle(1832-1903)로부터 프랑스 출신의 이집트학 전문가인 오귀스뜨 마리에뜨Auguste Marriette(1821-1881)가 쓴 원작 스토리를 가지고 함께 작업하자는 요청을 받았으나, 처음엔 거절 의사를 밝혔다고 합니다. 그러나 이집트 측에서 계속 간청하자 요청을 수락해 작곡을 결심하게 되었다고 합니다.

베르디가 작곡을 결심하자, 뒤 로클은 먼저 프랑스어로 산문시를 써나갔는데, 베르디가 이탈리아어 대본을 희망함에 따라 이탈리아 출신의 안토니오 기슬란조니Antonio Ghislanzoni가 팀에 합류하게 되었습니다. 기슬란조니는 베르디가 1869년 〈운명의 힘〉을 개정할 때 대본 수정을 맡은 바 있는 성악가 출신 작가였습니다. 기슬란조니의 가세로 베르디의 작곡 작업은 탄력을 받게 되었고, 1870년 11월에 작곡은 완성되었습니다.

그런데 작업이 한참 이루어지고 있던 와중인 1870년 7월 프랑스와 프로이센 간 전쟁이 발발합니다. 당시 마리에뜨는 1871년 1월 카이로 초연에 쓸 세트와 의상 등을 모두 파리에서 제작하고 있었는데, 프로이센군의 진주로 파리가 봉쇄되자 이 물건들을 제때 카이로로 옮길 수가 없게 되었습니다.

결국 카이로 오페라극장 개관 기념작으로 〈아이다〉를 무대에 올리려던 당초 계획은 무산되었고, 아이다는 1871년 12월 카이로에서 처음 무대에 올려졌습니다(참고로 카이로 오페라극장 개관 기념 공연(1869.11.17.)은 베르디의 걸작 〈리골렛토〉였습니다).

주요 등장인물

아이다(암네리스의 노예시녀, 에티오피아 공주, 소프라노)
라다메스(이집트의 장군, 테너)
암네리스(이집트 공주, 메조소프라노)
아모나스로(에티오피아 왕, 아이다의 아버지, 바리톤)
람피스(제사장, 베이스)

시놉시스와 주요 아리아

제1막

고대 이집트의 수도 멤피스. 에티오피아 군대가 이집트로 쳐들어오고 있다는 소식을 접한 제사장 람피스는 이시스 신전에 가서 에티오피아군을 토벌할 부대의 사령관 이름을 신탁받아 왔다고 말합니다. 이 말을 들은 라다메스는 자신이 그 사령관이 된다면 전투에서 이기고 돌아와 사랑하는 아이다와의 사랑을 이루겠다는 각오를 다지며 이 아리아를 부릅니다.

라다메스 : 청아한 아이다(Celeste Aida)

Se quel guerrier io fossi!
내가 만일 토벌군의 사령관이 된다면!

se il mio sogno s'avverasse!
만일 내 꿈이 이루어진다면!

Un esercito di prodi da me guidato e la vittoria…
내가 이끄는 용감한 부대가 승리를 거두고,

e il plauso di Menfi tutta!
모든 멤피스 사람들의 갈채가 쏟아지겠지!

E a te, mia dolce Aida, tornar di lauri cinto…
난 월계관을 쓰고 당신, 내 사랑스런 아이다에게 돌아와,

dirti: per te ho pugnato, per to ho vinto!
그대에게 말하리 : 그대를 위해 싸웠고, 그대를 위해 승리했노라고.

Celeste Aida, forma divina.
청아한 아이다, 성스런 아이다,

mistico serto di luce e fior,
당신은 빛과 꽃의 신비스런 화관이자,

del mio pensiero tu sei regina,
내 마음의 여왕이고,

tu di mia vita sei lo splendor.
내 삶의 광채라오.

Il tuo bel cielo vorrei redarti, le dolci brezze del patrio suol;
당신에게 당신 조국의 아름다운 하늘과 산들바람을 돌려주고 싶소.

Un regal serto sul crin posarti,
당신 머리 위에 화관을 씌워주고

ergerti un trono vicino al sol.
태양 가까이에 옥좌를 세워주고 싶소.

Celeste Aida, forma divina,
청아한 아이다, 성스런 아이다,

mistico raggio di luce e fior,
당신은 빛과 꽃의 신비스런 화관이자,

del mio pensiero tu sei regina
내 마음의 여왕이고,

tu di mia vita sei lo splendor.
내 삶의 광채라오.

Il tuo bel cielo vorrei redarti, le dolci brezze del patrio suol;
당신에게 당신 조국의 아름다운 하늘과 산들바람을 돌려주고 싶소.

Un regal serto sul crin posarti,
그대의 머리 위에 화관을 씌워주고

ah~ ergerti un trono vicino al sol…
아~ 태양 가까이에 옥좌를 세워주고 싶소.

un trono vicino al sol, un trono vicino al sol!
태양 가까이에, 태양 가까이에 옥좌를!

　이때 라다메스를 좋아하는 암네리스 공주가 나타나 라다메스를 보고는 혹시 그가 다른 여자를 마음에 두고 있는 건 아닌지 의심합니다. 그때 그녀의 노예 시녀인 아이다가 들어오자 라다메스의 시선이 흔들리는 것을 보는데, 라다메스를 마음에 두고 있는 암네리스와 그와 이미 사랑하고 있는 아이다가 서로의 의중을 살피며 이 노래를 부릅니다.

암네리스, 아이다, 라다메스 : 가까이 오거라
(Vieni, o diletta, appressati)

(암네리스)
Vieni, o diletta, appressati,
(아이다에게) 이리 가까이 오거라,

schiava non sei nè ancella,
넌 내 노예나 하녀가 아니다.

qui dove in dolce fascino io ti chiamai sorella…
나는 널 자매라고 불렀지…

Piangi? Delle tue lacrime svela il segreto, svela il segreto a me.
우는 거냐? 네 눈물에 비밀이 있겠구나.

(아이다)
Ohimè! Di guerra fremere l'atroce grido io sento…
아! 전쟁의 잔혹한 소리를 듣고 있습니다…

Per l'infelice patria, per me… per voi pavento.
어려운 상황에 처한 제 조국과 제가 걱정이 됩니다.

(암네리스)
Favelli il ver? Nè s'agita più grave cura in te?
정말이냐? 그것 말고 더 심각한 걱정은 없는 거고?

Trema! O rea schiava!
떨고 있구나! 오 부정한 노예가!

(라다메스)
Nel volto a lei balena…
(암네리스를 보며) 그녀 얼굴이 번쩍이네…

(암네리스)
Ah! trema, rea schiave, trema!
아! 떨고 있어, 저 나쁜 노예가 떨고 있어!

(라다메스)
Lo sdegno ed il sospetto…
(암네리스가) 분노하면서 의심하고 있구나…

(암네리스)
Ch'io nel tuo cor discendal···
네 마음속을 들여다볼 수 있다면···

(라다메스)
Guai se l'arcano affetto a noi leggesse in core!
혹시 그녀가 우리 마음속 비밀 사랑을 알게 되면 큰 일인데!

(암네리스)
Trema che il ver m'apprenda quel pianto e quel rossor!
그녀가 눈물 흘리고 얼굴이 붉어지는 이유가 내게 드러나는 걸 두
려워하고 있어!

(라다메스)
Guai se leggesse in cor!
만일 우리 마음을 읽는다면 큰 일인데!

(아이다)
Ah! no, sulla mia patria non geme il cor soltanto;
아! 아니야, 내 마음은 조국의 고통을 슬퍼하는 것뿐 아니라

quello ch'io verso è pianto di sverturato amor!
내 불행한 사랑에 대해서도 울고 있네요.

(라다메스)
Nel volto a lei balena lo sdegno ed il sospetto.
암네리스의 얼굴에 분노와 의심이 번쩍이네.

Guai se l'arcano affetto a noi leggesse in cor!
만일 그녀가 우리 마음속 비밀 사랑을 읽는다면 문제인데!

(암네리스)
Rea schiava trema!
부정한 노예가 떨고 있어!

Ch'io nel tuo cor discendal,
네 마음 속을 들여다볼 수 있다면.

Ah! trema che il ver m'apprenda quel pianto e quel rossor!
아! 그녀가 눈물 흘리고 얼굴이 붉어지는 이유가 내게 드러나는 걸
두려워하고 있구나.

이때 전령이 나타나 이번 에티오피아 군대는 아모나스로 국왕이
직접 이끌고 있으며, 테베에서 시민들이 에티오피아 군에 맞섰으나
모두 전사했다고 보고합니다. 국왕은 신탁에 의해 라다메스가 이
집트군 사령관으로 지명되었다고 발표하고, 암네리스와 함께 있던
모든 사람들이 라다메스에게 이기고 돌아오라고 격려를 보냅니다.

사람들이 모두 자리를 떠난 후 홀로 남은 아이다는 조국 에티오
피아에 대한 사랑과 연인 라다메스에 대한 사랑 사이에서 번민하는
괴로운 심경을 이 아리아로 노래합니다.

아이다 : 이기고 돌아오세요(Ritorna vincitor!)

Ritorna vincitor!
'이기고 돌아오세요!'라고

E dal mio labbro uscì l'empia parola!
이런 불경스런 말이 내 입에서 나오다니!

Vincitor del padre mio… di lui che impugna l'armi per me…
아버지를, 날 위해 무기를 든 그분을 무찌르라고…

per ridonarmi una patria, una reggia, e il nome illustre che
qui celar m'è forza!
조국과 왕궁, 그리고 내 이름을 되찾아줄 아버지를 무찌르라고!

Vincitor de' miei fratelli… ond'io lo vegga, tinto del sangue
amato,
내 눈앞에서 피를 뿌리는 나의 형제들을 무찌르라고,

trionfar nel plauso dell'Egizie coorti!
이집트군은 승리에 겨워 환호하고!

E dietro il carro… un Re… mio padre… di catene avvinto!
마차 뒤에… 국왕이신… 내 아버지는… 포로가 되어서…!

L'insana parola, o Numi, sperdete!
말도 안돼, 오 신이시여, 잊어주세요!

Al seno d'un padre la figlia rendete;
이 딸은 아버지 품으로 돌아갈게요.

Struggete, struggete, struggete le squadre dei nostri oppressor!
우릴 억압하는 자들의 군대를 물리치세요!

Ah! Sventurata! Che dissi?…
아! 이런! 내가 무슨 말을 한 거야?

e l'amor mio?
그럼 내 사랑은 어떻게 되지?

Dunque scordar poss'io questo fervido amore
내가 과연 이 뜨거운 사랑을 잊을 수 있을까.

che, oppressa e schiava, come raggio di sol qui mi beava?
따사로운 햇살처럼 날 포근하게 해주는 이 사랑을?

Imprecherò la morte a Radamès… a lui ch'amo pur tanto?
내가 그토록 사랑하는 라다메스에게 죽음을 저주하라고?

Ah! non fu in terra mai da più crudeli angosce un core affranto!
아! 세상에 이보다 더 잔인하게 가슴을 찢는 게 없구나.

I sacri nomi di padre, d'amante
아버지와 사랑하는 사람들의 거룩한 이름들,

nè profferir poss'io, nè ricordar.
그 이름을 하나도 기억하지 못하다니.

Per l'un… per l'altro… confusa, tremante,
혼란스럽고 무서워서,

io piangere vorrei, vorrei pregar.
울고 싶어, 기도하고 싶어.

Ma la mia prece in bestemmia si muta…
하지만 내 기도는 불경스러운 게 되겠지…

Delitto è il pianto a me… colpa il sospir…
내 눈물은 죄가 되고, 내 한숨은 잘못이 되겠지.

in notte cupa la mente è perduta…
어두운 밤이 되니 내가 제 정신이 아니구나.

e nell'ansia crudel vorrei morir.
잔인한 고뇌 속에서 난 죽고만 싶구나.

Numi, pietà del mio soffrir!
신이시여, 제 고통을 가엾게 여겨주세요.

Speme non v'ha pel mio dolor.
이 고통 속에서 아무 희망이 없습니다.

Amor fatal, tremendo amor,
운명적 사랑, 큰 사랑,

Spezzami il cor, fammi morir!
제 가슴을 찢어버리든지, 죽게 해주세요.

Numi, pietà del mio soffrir!
하늘이시여, 제 고통을 가엽게 여겨주세요.

Ah! pietà!
자비를 베풀어주세요!

Numi, pietà del mio soffrir!
하늘이시여, 제 고통을 가엽게 여겨주세요!

Numi, pietà del mio soffrir!
하잴이시여, 제 고통에 자비를!

pietà, pietà del mio soffrir!
자비를! 제 고통에 자비를 보여주세요!

제2막

　궁궐 안 암네리스의 방으로 아이다가 수심에 찬 모습으로 들어오자, 암네리스는 라다메스에 대한 아이다의 속마음을 알아보기 위해 이 아리아를 부르며 그녀를 떠보고, 아이다는 라다메스를 사랑하는 마음을 당당하게 노래합니다.

암네리스, 아이다 : 전쟁의 운명이 네게 치명적이구나
(Fu la sorte dell'armi a' tuoi funesta)

(암네리스)
Fu la sorte dell'armi a'tuoi funesta, povera Aida!
전쟁의 운명이 네게 치명적이구나, 불쌍한 아이다!

Il lutto che ti pesa sul cor teco divido,
네 마음을 짓누르는 슬픔을 너와 함께 나눈다.

Io son l'amica tua…
난 네 친구잖니…

Tutto da me tu avrai…
넌 내게서 모든 걸 다 갖게 될 거야…

Vivrai felice!
넌 행복하게 살게 될 거야!

(아이다)
Felice esser poss'io lungi dal suol natio, qui dove ignota
제 고국에서 멀리 떨어진, 미지의 이곳에서

M'è la sorte del padre e dei fratelli?
제 아버지와 형제들의 운명을 모른 채 행복할 수 있겠습니까?

(암네리스)
Ben ti compagnio!
글쎄다.

pure hanno un confine i mali di quaggiù…
하지만 슬픔에도 끝은 있으니까…

Sanerà il tempo le angosce del tuo core,
시간이 네 마음의 고뇌를 치유해 줄 거다.

E più che il tempo, un Dio possente··· Amore!
시간보다 더 전능한 사랑이라는 신이 치유해 줄 거야.

(아이다)
Amore, amore!
사랑, 사랑!

Gaudio, tormento, soave ebbrezza, ansia crudel!
기쁨, 고통, 달콤한 도취, 잔인한 불안!

Ne' tuoi dolori la vita io sento,
당신의 슬픔 속에서 전 생명을 느끼고,

un tuo sorriso mi schiude il ciel
당신의 미소는 제게 천국을 열어줍니다.

(암네리스)
Ah, quel pallore··· quel turbamento
(혼잣말로) 아! 얼굴이 창백해지고··· 목소리는 떨리고···

Svelan l'arcana febbre d'amor.
비밀 사랑의 낌새가 드러나는데.

D'interrogarla quasi ho sgomento, divido l'ansie del suo terror.
그녀의 두려움에 대한 걱정을 묻기가 당황스럽네.

Ebben qual nuovo fremito t'assal, gentil Aida?
(아이다에게) 근데, 무슨 걱정이 생겼니, 아이다?

I tuoi segreti svelami, all'amor mio,
네 비밀을 말해보렴,

t'affida tra i forti che pugnarono della tua patria a danno⋯
네 조국과 싸우면서 공격한 자들 가운데,

qualcuno⋯ un dolce affanno⋯ forse⋯ a te in cor destò?
네 마음에 달콤한 숨결을 불러일으킨 사람이라도 있었니?

(아이다)
Che parli?
무슨 말씀이신가요?

(암네리스)
A tutti barbara non si mostrò la sorte, se in campo il duce
impavido cadde trafitto a morte⋯
용감한 사람이 전장에서 쓰러져 죽더라도, 야만적 운명이 모두에게
다 보이는 건 아니란다.

(아이다)
Che mai dicesti! Misera!
무슨 말씀을 하시는 거예요? 끔찍하게!

(암네리스)
Sì⋯ Radamès da'tuoi fu spento⋯
그래⋯ 너 때문에 라다메스가 죽었다⋯

(아이다)
Misera!
끔찍해라!

(암네리스)
E pianger puoi?
울 거니?

(아이다)
Per sempre io piangerò!
영원히 울 겁니다!

(암네리스)
Gli Dei t'han vendicata.
신들이 네게 복수를 한 거지.

(아이다)
Avversi sempre a me furo i Numi…
신들은 항상 제게는 적대적이셨지요…

(암네리스)
Trema! In cor ti lessi…
떨고 있구나! 네 마음을 알겠다…

Tu l'ami…
너 그를 사랑하고 있구나…

(아이다)
Io!
제가요!

(암네리스)
Non mentire!
거짓말 마라!

Un detto ancora e il vero saprò…
한 마디만 더 하면, 난 진실을 알게 될 거야…

Fissami in volto…
내 얼굴을 보아라…

Io t'ingannava… Radamès… vive!
내가 널 속였다…. 라다메스는… 살아있어!

(아이다)
Vive!
그가 살아있다구요!

Ah, grazie, o Numi!
오 신이여, 아, 감사합니다.

(암네리스)
E ancor mentir tu speri?
그래도 거짓말을 하고 싶니?

Sì… tu l'ami!…
그래… 넌 그를 사랑하잖아!…

Ma l'amo anch'io… intendi tu?
하지만 나도 그를 사랑한다… 그러니까?

Son tua rivale… figlia dei Faraoni.
내가 네 라이벌이야… 파라오의 딸인 내가

(아이다)
Mia rivale!
제 라이벌이라구요!

Ebben sia pure… Anch'io son tal…
그런데… 저도 그런…

Ah! Che dissi mai?
아! 제가 무슨 말을 한 거죠?

Pietà, perdono! Ah!
자비와 용서를! 아!

Pietà ti prenda del mio dolor…
제 고통을 불쌍히 여겨주세요…

È vero, io l'amo d'immenso amor.
제가 그를 무척 사랑하는 건 사실이에요.

Tu sei felice, tu sei possente,
당신은 행복하고, 막강한 분이시잖아요,

io vivo solo per questo amor!
저는 이 사랑밖에 없는데!

(암네리스)
Trema, vil schiava!
떨고 있구나, 나쁜 노예년!

Spezza il tuo core,
마음에 고통을 받아라,

segnar tua morte può quest'amore,
이 사랑은 네게 죽음이 될 수도 있어,

Del tuo destino arbitra sono.
난 네 운명을 심판할 사람이다.

D'odio e vendetta le furie ho in cor.
내 마음속에 증오와 복수심을 담고 있지.

(아이다)
Tu sei felice, tu sei possente,
당신은 행복하고, 막강한 분이시잖아요,

io vivo solo per questo amor!
저는 이 사랑만을 위해 살고 있습니다!

Pietà ti prenda del mio dolor…
제 고통을 불쌍히 여겨주세요…

(암네리스)
Trema, vil schiava!
떨고 있어, 나쁜 노예년!

Spezza il tuo core.
마음에 고통을 받아라,

Del tuo destino arbitra son.
난 네 운명의 심판자다,

D'odio e vendetta le furie ho in cor.
내 마음 속에 증오와 복수심을 가지고 있지.

(합창)
Su! del Nilo al sacro lido sien barriera i nostri petti;
야! 나일강에서 성스러운 해변까지 우리 가슴이 장벽이 된다.

Non echeggi che un sol grido, guerra e morte allo stranier!
단 한 번의 외침만 울려퍼지게 하라, 전쟁과 죽음은 이방인들에게
만 있을 거라고,

(암네리스)
Alla pompa che s'appresta, meco, schiava, assisterai;
노예년, 넌 나와 함께 곧 다가올 개선 행렬을 보게 될 거야.

tu prostrata nella polvere,
넌 흙바닥 위에 엎드려서,

io sul trono, accanto al Re.
난 국왕에게 가까운 옥좌에 앉아서.

(아이다)
Ah pietà! Che più mi resta?
아, 자비를! 제게 무엇이 더 남아있다고 이러십니까?

Un deserto è la mia vita;
제 삶은 사막과 같습니다.

Viva e regna, il tuo furore io tra breve placherò.
당신은 살아서 나라도 다스리시니, 제가 곧 당신의 분노를 달래드
릴게요.

Quest'amore che t'irrita nella tomba io spegnerò.
당신을 괴롭히는 이 사랑을 제가 무덤 안에서 끝내겠습니다.

(암네리스)
Vien, mi segui, apprenderai se lottar tu puoi con me.
자, 날 따라오너라, 나와 함께 있으면 알게 될 거야.

(아이다)
Ah! pietà!
아! 자비를!

Quest'amor nella tomba io spegnerò.
이 사랑을 제가 무덤 안에서 끝낼게요.

Pietà! pietà!
자비! 자비를 베풀어주세요!

(합창)
Guerra e morte allo stranier!
전쟁과 죽음은 이방인들에게!

(암네리스)
E apprenderai se lottar tu puoi con me!
네가 나와 함께 있으면 알게 될 거야!

(아이다)
Numi, pietà del mio martir,
신이시여, 제 순교에 자비를 베풀어주세요.

Pietà! Speme non v'ha pel mio dolor…
자비를! 저의 이 고통에 희망이 없습니다.

Numi, pietà del mio soffrir!
신이시여, 제 고통에 자비를 베풀어주세요.

Numi, pietà, pietà, pietà!
신이시여, 자비, 자비, 자비를 베풀어주세요!

에티오피아군을 물리친 이집트 군대가 우렁찬 트럼펫 소리와 함께 수많은 전리품과 포로들을 데리고 개선하자, 이집트 국민들은 개선군을 열렬히 환영하며 다 같이 이 곡을 합창합니다.

군중, 사제 : 이집트에 영광을(Gloria all'Egitto)

(군중)
Gloria all'Egitto, ad Iside che il sacro suol protegge!
이집트에 영광을, 우리의 성스런 땅을 지켜주시는 신에게 영광을!

Al Re che il Delta regge inni festosi alziam!
델타가 축제의 송가를 바치는 국왕에게 영광을!

Gloria! Gloria! Gloria!
영광! 영광! 영광을!

Gloria al Re!
국왕에게 영광을!

(여성들)
S'intrecci il loto al lauro sul crin dei vincitori!
승자의 월계관에 연꽃을 더 씌우세!

Nembo gentil di fiori stenda sull'armi un vel.
꽃들이 무기 위를 덮도록.

Danziam, fanciulle egizie, le mistiche carole,
춤추세, 이집트의 아가씨들이여, 신비로운 춤을,

come d'intorno al sole danzano gli astri in ciel!
마치 하늘에서 별들이 태양 주위를 도는 것처럼!

(람피스, 사제들)
Della vittoria agl'arbitri supremi il guardo ergete;
승리를 이루어주신 분들을 바라보고,

Grazie agli Dei rendete nel fortunato dì.
이 기쁜 날, 신에게 감사드리세요.

(군중)
Come d'intorno al sole danzano gli astri in ciel!
마치 하늘에서 별들이 태양 주위를 도는 것처럼!

Inni festosi alziam al Re, alziamo al Re.
국왕에게 축제의 송가를 바치세, 국왕에게 바치세.

(람피스, 사제들)
Grazie agli Dei rendete nel fortunato dì.
이 기쁜 날, 신에게 감사드리세요.

(군중)
Vieni, o guerriero vindice,
오라, 복수의 전사여,

Vieni a gioir con noi; sul passo degli eroi, i lauri, i fior versiam!
오라, 영웅들에게 월계수와 꽃을 뿌리며 우리와 함께 기뻐하도록!

Gloria al guerrier, gloria!
전사에게 영광, 영광을!

Gloria all'Egitto, gloria!
이집트에 영광, 영광을!

(람피스, 사제들)
Agli arbitri supremi il guardo ergete;
승리를 이루어주신 분들을 바라보고,

Grazie agli Dei rendete nel fortunato dì.
이 기쁜 날, 신에게 감사를 돌려드리세요.

　국왕은 개선장군인 라다메스를 환영하며, 승전 포상으로 무엇을 원하는지 묻습니다. 라다메스는 포로들을 잘 대해달라고 하는데, 그때 아이다가 포로들 사이에 아버지인 아모나스로 국왕이 함께 있는 것을 보고 그에게 달려갑니다. 이집트 왕은 아모나스로에게 누구냐고 묻는데, 아모나스로는 아이다의 아버지라고만 말하고 왕의 신분은 속입니다.

　라다메스는 왕에게 에티오피아 포로들을 모두 풀어줄 것을 부탁하는데, 왕은 아모나스로는 인질로 잡아두라고 합니다. 이어 왕은 라다메스에게 암네리스를 아내로 맞아 나라를 다스리라고 합니다. 암네리스는 꿈이 이루어졌다며 기뻐하고, 라다메스와 아이다는 난감한 상황이 벌어지자 탄식합니다.

나일강 변. 이곳에서 라다메스와 만나기로 한 아이다는 라다메스가 오기를 기다리는 동안, 두고 온 고국에 대한 그리움과 이루어지기 어려운 사랑에 대한 괴로움을 이 아리아로 노래합니다.

아이다 : 오 나의 고향이여(O patria mia)

Qui Radamès verrà!
라다메스가 여기로 올 거야!

Che vorrà dirmi?
그가 내게 무슨 말을 할까?

Io tremo…
떨리네…

Ah! se tu vieni a recarmi, crudel, l'ultimo addio,
아! 잔인하게도 만일 그이가 내게 마지막 작별 인사를 한다면,

del Nilo i cupi vortici mi daran tomba…
나일강의 저 어둡고 거친 물살은 내게 죽음을 주고…

e pace forse, e pace forse oblio.
아마도 마음의 평온을 잊어버리겠지.

O patria mia, mai più ti rivedrò!
오 나의 고향이여, 이제 더는 널 다시 보지 못하겠구나!

mai più, mai più ti rivedrò!
더 이상 보지 못하겠네.

O cieli azzurri, o dolci aure native,
오 푸른 하늘, 오 향긋한 바람,

Dove sereno il mio mattin brillò,
내 어린 시절이 빛났던 곳,

O verdi colli⋯ o profumate rive,
오 푸른 언덕, 오 향기로운 강물,

O patria mia, mai più, mai più ti rivedrò!
오 나의 고향이여, 이제 더는 널 다시 보지 못하겠구나.

O patria mia, mai più!
오 나의 고향, 더 이상 보지 못하겠구나!

ah! mai più, mai più ti rivedrò!
아, 더 이상, 더 이상 다시 보지 못하겠구나.

O patria mia, o patria mia mai più ti rivedrò! mai più!
오 나의 고향이여, 이제 더 이상 보지 못하겠지.

no, no, mai più, mai più!
더 이상, 더 이상 다시 보지 못하겠지.

O fresche valli, o queto asil beato,
오 시원한 계곡, 조용한 은신처,

che un dì promesso dall'amor mi fu…
언젠가 내게 사랑을 약속해 주었는데

Or che d'amore il sogno è dileguato,
이젠 그 사랑의 꿈도 사라져 버렸네.

O patria mia, non ti vedrò mai più!
오 나의 고향이여, 이제 더는 널 다시 보지 못하겠구나!

O patria mia, non ti vedrò mai più!
오 나의 고향, 더 이상 보지 못하겠구나!

no mai più non ti vedrò, non ti vedrò mai più!
더 이상, 더 이상 다시 보지 못하겠지!

O patria mia, mai più ti rivedrò!
오 나의 고향이여, 이제 더 이상 다시 보지 못하겠구나.

　이때 아모나스로가 아이다 앞에 나타납니다. 그는 아이다가 라다메스를 사랑하고 있는 걸 알고 있다면서, 조국을 위해 라다메스가 이집트군을 데리고 어느 길로 움직일지 알아내라고 합니다. 이에 대해 아이다는 그를 배신하기 어렵다는 심정을 함께 노래합니다.

아모나스로, 아이다 : 네게 심각한 일이 있구나
(A te grave cagion m'adduce)

(아모나스로)
A te grave cagion m'adduce, Aida.
네게 심각한 일이 있구나, 아이다.

Nulla sfugge al mio sguardo.
내 눈은 못 속여.

D'amor ti struggi per Radamès… ei t'ama… qui lo attendi.
넌 라다메스를 사랑하고, 그도 널 사랑하지… 넌 여기서 그를 기다
리고 있는 거고.

Dei Faraon la figlia è tua rivale.
파라오의 딸이 네 라이벌이고.

razza infame, aborrita e a noi fatale!
악명높고 혐오스럽고, 우리에겐 위험한 그 여자 말이야!

(아이다)
E in suo potere io sto!
저는 그녀에게 잡혀있는 몸이에요!

Io, d'Amonasro figlia!
아모나스로의 딸인 제가요!

(아모나스로)
In poter di lei… No!…
네가 그녀에게 잡혀 있다고… 안 되지!

se lo brami la possente rival, tu vincerai,
네가 강력한 라이벌이 되면, 네가 이길 거다,

E patria, e trono, e amor, tutto tu avrai.
조국, 왕좌, 사랑, 이 모두를 네가 갖게 될 거야.

Rivedrai le foreste imbalsamate, le fresche valli, i nostri templi d'or.
조국의 숲과 푸른 계곡과 우리의 황금사원을 다시 보게 될 거야.

(아이다)
Rivedrò le foreste imbalsamate, le fresche valli, i nostri templi d'or.
숲과 푸른 계곡과 우리의 황금사원을 다시 보겠지요.

(아모나스로)
Sposa felice a lui che amasti tanto,
네가 그토록 사랑했던 사람의 행복한 부인이 되어,

tripudii immensi ivi potrai gioir…
조국에서 큰 기쁨을 즐길 수 있을 거야…

(아이다)

Un giorno solo di si dolce incanto, un'ora, un'ora di tal gioia,
e poi morir!
그런 달콤한 마법 같은 하루, 그런 기쁨의 한 시간을 보내고 죽을 수
있다면 얼마나 좋을까요!

(아모나스로)

Pur rammenti che a noi l'Egizio immite, le case, i templi, e
l'are profanò,
하지만, 이집트인들이 우리들의 집과 사원, 제단을 모독했다는 걸
기억해라.

Trasse in ceppi le vergini rapite madri… vecchi… fanciulli ei
trucidò.
그들은 처녀들을 족쇄에 채워 끌고 가고, 어머니와 노인들, 그리고
아이들을 납치해 학살했다.

(아이다)

Ah! ben rammento quegl'infausti giorni!
아! 그 불행한 날들을 생생히 기억해요!

Rammento i lutti che il mio cor soffrì.
제가 겪은 고통을 기억해요.

Deh! fate, o Numi, che per soi ritorni l'alba invocata de'sereni
dì.
아, 신이시여, 고요한 새벽이 돌아오도록 해주세요.

(아모나스로)
Non fia che tardi.
아직 늦지 않았다.

In armi ora si desta il popol nostro, tutto è pronto già.
우리 백성들이 무장하고 있고, 모든 게 다 준비되었다.

Vittoria avrem…
우리가 승리할 거야…

Solo a saper mi resta qual sentier il nemico seguirà…
적군이 어느 길로 갈지만 알면 된다…

(아이다)
Chi scoprirlo potria? Chi mai?
누가 그걸 알아낼 수 있는데요? 누가 있지요?

(아모나스로)
Tu stessa!
바로 너지!

(아이다)
Io?
저요?

(아모나스로)
Radamès so che qui attendi… ei t'ama…
라다메스는 네가 이곳에서 기다리는 걸 알고 있고… 널 사랑하잖아…

ei conduce gli Egizi… Intendi?…
그가 이집트군을 지휘하잖아… 그러니까?

(아이다)
Orrore!
무서워요!

Che mi consigli tu?
제게 무슨 말씀을 하시는 거예요?

No! no! giammai!
안돼요, 안돼. 전 못해요!

(아모나스로)
Su, dunque!
자, 그럼!

Sorgete Egizie coorti, col fuoco struggete le nostre città.
이집트군이 일어나, 불로 우리 마을들을 파괴할 거야.

Spargete il terrore, le stragi, le morti…
공포와 학살, 죽음이 퍼져 나가고…

al vostro fuore più freno non v'ha.
어떤 제약도 없지.

(아이다)
Ah, padre! padre!…
아, 아버지! 아버지!…

(아모나스로)
Mia figlia ti chiami!
넌 내 딸이야!

(아이다)
Pietà, pietà, pietà!
자비, 자비, 자비를!

(아모나스로)
Flutti di sangue scorrono sulle città dei vinti.
패자들의 도시 위로 피의 물결이 흐른다.

Vedi? Dai negri vortici si levano gli estinti…
보이니? 검은 소용돌이로부터 죽은 사람들이 올라오는 게…

Ti additan essi e gridano: per te la patria muor!
그들이 널 가리키며 울부짖는구나, 너 때문에 조국이 죽는다고!

(아이다)
Pietà! Pietà, padre, pietà!
아버지, 제게 자비, 자비, 자비를!

(아모나스로)
Una larva orribile fra l'ombre a noi s'affaccia.
어둠 속에서 끔찍한 망령이 우릴 바라보고 있구나.

Trema! Le scarne braccia…sul capo tuo levò…
떨고 있구나! 깡마른 팔에… 머리를 들고…

Tua madre ell'è…ravvisala…ti maledice…
네 어미구나… 어미를 알아봐라… 널 저주하는구나…

(아이다)
Ah no! ah no!
아! 안돼요, 안돼!

Padre, pietà! pietà!
아버지, 제발요!

(아모나스로)
Non sei mia figlia…
넌 내 딸이 아니고…

Dei Faraoni tu sei la schiava!
파라오의 노예구나!

(아이다)
Ah! Pietà, pietà! pietà!
아! 아버지, 제발요!

Padre, a costoro schiava non sono…
아버지, 전 노예가 된 적이 없어요…

Non maledirmi… non imprecarmi;
절 저주하지 마세요, 욕하지 마세요.

Ancor tua figlia potrai chiamarmi, della mia patria degna
sarò.
전 여전히 아버지의 딸이고, 조국의 딸로 남을 거예요.

(아모나스로)
Pensa che un popolo, vinto, straziato, per te soltanto risorger
può…
패배하고 찢긴 백성이 너로 인해 다시 일어날 수 있다고 생각해 봐라.

(아이다)
O patria! o patria! quanto mi costi!
오 조국, 조국이여! 제가 얼마나 많은 댓가를 치러야 하나요!

(아모나스로)
Coraggia!
용기를 내라!

Ei giunge… là tutto udrò.
라다메스가 온다… 내가 저쪽에서 다 듣고 있으마.

라다메스가 나타나자, 아이다는 암네리스의 남편이 될 사람이니어서 그녀에게 돌아가라고 합니다. 라다메스는 그가 진정 사랑하는 사람은 아이다라고 하면서, 에티오피아 군대가 다시 봉기해 곧 이들을 무찌르기 위해 다시 출정할 예정이며, 이번에 승리하고 돌아오면 왕에게 두 사람이 사랑하고 있다는 사실을 밝힐 것이라고 말합니다.

아이다가 라다메스에게 안전하게 이 고통의 땅을 벗어나기 위해 군대를 피할 수 있는 길이 어디인지 묻자, 라다메스는 나파타 골짜기에는 내일까지 이집트 군대가 없을 것이라고 군사기밀을 발설합니다. 이때 나무 뒤에서 이들의 대화를 모두 엿듣고 있던 아모나스로가 갑자기 두 사람 앞에 나타나면서, 그럼 에티오피아 군대를 그곳으로 보내야겠다고 외칩니다.

라다메스가 누구냐고 신분을 묻자, 아모나스로는 아이다의 아버지이자 에티오피아의 왕이라고 답하고, 강 건너편에 에티오피아 군대가 기다리고 있으니 함께 그곳으로 가자고 말합니다.

그때 암네리스가 나타나 이 광경을 모두 목격하자 아모나스로가 암네리스를 칼로 찌르려 하는데, 라다메스가 그를 막아선 채 아이다와 아모나스로에게 빨리 이곳을 떠나라고 하고 자신은 경비병들에게 순순히 체포됩니다.

제4막

암네리스는 라다메스의 배신에 괴로워하면서도, 라다메스를 죽게 내버려두면 안된다는 생각으로, 그에게 아이다를 영원히 포기하고 자신을 사랑하면 사형을 면하게 해주겠다고 합니다. 하지만, 라다메스는 이 제안을 거부하며 함께 2중창을 부릅니다.

암네리스, 라다메스 : 내가 싫어하는 라이벌이 도망갔네
(L'aborrita rivale a me sfuggia)

(암네리스)
L'aborrita rivale a me sfuggia…
내가 싫어하는 라이벌이 도망갔네…

Dai Sacerdoti Radamès attende dei traditor la pena.
라다메스는 반역자로서 사제들로부터 판결을 기다리고 있어…

Traditore egli non è… pur rivelò di guerra l'alto segreto…
그가 비밀을 누설하긴 했지만, 그걸로 반역은 아니고…

egli fuggir volea con lei fuggire…
그녀와 함께 도망치고 싶어 했으니…

Traditori tutti!
다 반역자야!

A morte! A morte!…
죽여야지! 죽여야 해!…

Oh! che mai parlo?
오! 내가 무슨 말을 하는 거야?

Io l'amo, io l'amo sempre…
난 그를 사랑해, 난 항상 그를 사랑하고 있는데…

Disperato, insano è quest'amor che la mia vita strugge.
내가 바라는 이 사랑은 절망적이고 미친 짓이구나.

Oh! s'ei potesse amarmi, vorrei salvarlo.
오! 그가 날 사랑할 수만 있다면, 난 그를 살리고 싶은데.

E come?
그런데 어떻게?

Si tenti! Guardie, Radamès qui venga.
경비병, 라다메스를 이리로 끌고 와라.

Già i Sacerdoti adunansi arbitri del tuo fato;
(라다메스가 끌려오자) 당신 운명을 결정하기 위해 사제들이 모여
들고 있어요.

pur dell'accusa orribile scolparti ancor t'è dato, ti scolpa,
당신의 끔찍한 혐의에 대해 다들 당신을 비난하고 있지만

e la tua grazia io pregherò dal trono, e nunzia di perdono, e
nunzia di perdono, di vita, a te sarò.
난 당신에게 은총이 베풀어지도록 기도하고, 당신에 대한 사면이 이
루어지도록 할 거예요.

(라다메스)
Di mie discolpe i giudici mai non urdan l'accento;
재판관들은 결코 저에 대한 변호를 듣지 않을 겁니다,

Dinanzi ai Numi, agl'uomini, nè vil nè reo mi sento.
저는 신 앞에서든, 인간 앞에서든, 비겁함이나 죄책감을 느끼지 않
습니다.

Profferse il labbro incauto fatal segreto, è vero,
제가 부주의하게 중요한 기밀을 누설한 건 사실입니다.

Ma puro il mio pensiero, ma puro il mio pensiero e l'onor mio
restò.
하지만, 제 생각과 명예는 순수하게 남아 있습니다.

(암네리스)
Salvati dunque e scolpati.
그러니 자신을 변호하고 목숨을 부지하세요.

Tu morrai.
(잘못하면) 당신 죽어요.

(라다메스)
No. La vita aborro;
아니, 그런 삶은 싫습니다.

d'ogni gaudio la fante inaridita, svanita ogni speranza, sol
bramo di morir.
모든 기쁨과 희망이 사라졌으니, 오직 죽기만 바랄 뿐입니다.

(암네리스)
Morire!
죽다니요!

Ah, tu dei vivere!
아, 당신은 살아야 해요!

Sì, all'amor mio vivrai;
그래요, 당신은 날 위해서라도 살아야 해요.

Per te le angosce orribili di morte io già provai;
당신 죽음에 대한 끔찍한 고통을 내가 이미 받았어요.

T'amai… soffersi tanto… vegliai le notti in pianto…
난 당신을 너무도 사랑해서 눈물로 수많은 밤을 지샜어요…

e patria, e trono, e vita, tutto darei, tutto darei per te.
조국과 왕좌와 생명, 이 모든 걸 당신을 위해 버릴 수 있어요.

(라다메스)
Per essa anch'io la patria e l'onor mio e l'onor mio tradia…
그녀를 위해 저는 제 조국과 명예를 배신했습니다…

(암네리스)
Di lei non più!
그 여자 이야기는 더 이상 하지 말아요!

(라다메스)
L'infamia m'attende e vuoi ch'io viva?
불명예가 절 기다리고 있는데, 제가 그렇게 살기를 바라시는 건가요?

Misero appien mi festi, Aida a me togliesti,
불쌍한 저는 기쁘게 하시고, 아이다는 빼앗아 가셨어요.

Spenta l'hai forse… e in dono offri la vita a me?
당신을 버리신다구요… 공주님 목숨을 제게 선물로 주시는 건가
요?

(암네리스)
Io, di sua morte origine!
나 때문에 그녀가 죽었다고!

No! Vive Aida!
아니! 아이다는 살아있어요!

(라다메스)
Vive!
살아있다구요!

(암네리스)
Nei disperato anelito dell'orde fuggitive sol cadde il padre.
도망가던 도중에, 그녀의 아버지만 죽었어요.

(라다메스)

Ed ella?

그럼 아이다는?

(암네리스)

Sparve, nè più novella s'ebbe…

사라졌는데, 더 이상 소식이 없어요…

(라다메스)

Gli Dei l'adducano salva alle patrie mura,

신들이 그녀를 조국으로 무사히 인도하시고,

e ignori la sventura di chi per lei morrà!

그녀를 위해 죽을 사람들의 불행들을 몰랐으면 좋겠는데!

(암네리스)

Ma, s'io ti salvo, giurami che più non la vedrai?

만일 내가 당신을 구해준다면, 그녀를 다시 만나지 않겠다고 맹세
할 수 있나요?

(라다메스)

Nol posso!

그럴 수는 없습니다!

(암네리스)

A lei rinunzia per sempre… e tu vivrai.

그녀를 영원히 포기한다면… 당신은 살 수 있어요!

(라다메스)
Nol posso!
그렇게는 못합니다!

(암네리스)
Ancor una volta: a lei rinunzia.
다시 한번 말하죠, 그녀를 포기하세요.

(라다메스)
È vano.
안됩니다.

(암네리스)
Morir vuoi dunque, insano?
그럼 죽겠다는 말이네, 미쳤어요?

(라다메스)
Pronto a morir son già!
전 이미 죽을 준비가 되어 있습니다!

(암네리스)
Chi ti salva, sciagurato, dalla sorte che t'aspetta?
불쌍한 사람, 누가 당신을 기다리고 있는 운명으로부터 당신을 구
해주죠?

In furore hai tu cangiato un amor ch'egual non ha.
당신은 분노 때문에 비할 데 없는 사랑을 이렇게 만들어 버리는군요.

De' miei pianti la vendetta or dal ciel si compirà.
그럼 내 눈물로 하늘에서 복수가 이루어질 거예요.

De' miei pianti la vendetta or dal ciel si compirà.
내 눈물로 하늘에서 복수가 이루어질 거라구요!

(라다메스)
È la morte un ben supremo, se per lei morir m'è dato;
그녀를 위해 죽게 된다면, 그건 제게 큰 행복이 될 겁니다.

Nel subir l'estremo fato gaudii immensi il cor avrà;
극한의 운명 속에서, 제 마음은 큰 기쁨을 누리게 될 겁니다.

L'ira umana più non temo, temo sol la tua pietà.
전 더 이상 인간의 분노는 두렵지 않은데, 당신의 동정만은 두렵습니다.

(암네리스)
Ah! chi ti salva?
아! 누가 당신을 구해주나요?

De' miei pianti la vendetta or dal ciel si compirà.
이제 내 눈물로 하늘에서 복수가 이루어질 거예요!

　라다메스에 대한 재판이 열립니다. 제사장과 사제들은 라다메스의 죄를 추궁하는데, 라다메스는 계속 침묵으로 일관합니다. 결국 재판관들은 라다메스를 반역자로 규정하고 지하 돌무덤 내 생매장형을 선고합니다.

지하 돌무덤에 갇힌 라다메스는 아이다를 걱정하며 그녀의 영원한 행복을 기원하는데, 그런 그의 눈 앞에 아이다가 나타납니다. 아이다는 놀라는 라다메스에게 그의 판결을 예상하고 그의 품에서 죽기 위해 이 무덤에 먼저 들어와 있었다고 말합니다.

라다메스는 아이다가 이렇게 죽으면 안 된다고 하고, 아이다는 라다메스에게 천국에서 불멸의 사랑을 시작하자며 이 2중창을 부릅니다.

라다메스, 아이다 : 죽음! 정결하고 아름답지
(Morir! sì pura e bella)

(라다메스)
Morir!⋯ sì pura e bella!
죽음!⋯ 정결하고 아름답지.

Morir! per me d'amore⋯
사랑 때문에 날 위해 죽는다는 건⋯

degl'anni tuoi nel fiore, degl'anni tuoi nel fiore fuggir la vita!
꽃처럼 피어나는 젊은 나이에 삶을 포기하는 것이오.

T'avea il cielo per l'amor creata,
하늘은 사랑을 위해 당신을 만드셨는데,

ed io t'uccido per averti amata!
내가 사랑하는 당신을 죽게 만들다니!

No, non morrai!
아니, 당신은 죽지 않을 거요!

Troppo t'amai! Troppo sei bella!
당신을 너무 사랑해요! 당신은 죽기엔 너무 아름다운 사람이오!

(아이다)
Vedi?…
(황홀해하며) 보이세요?

di morte l'angelo radiante a noi s'appressa,
죽음의 찬란한 천사가 우리에게 다가오고 있어요.

ne adduce eterni gaudii sovra i suoi vanni d'or.
금빛 궁전 위에 영원한 기쁨을 선사하고 있어요.

Già veggo il ciel dischiudersi, ivi ogni affanno cessa…
저는 이미 하늘이 열리는 것을 보았고, 그곳에서는 모든 고통이 사
라지죠…

ivi comincia l'estasi d'un immortale amor.
그곳에서 황홀한 불멸의 사랑이 시작될 거예요.

comincia l'estasi d'un immortale amor.
황홀한 불멸의 사랑이 시작될 거예요.

돌무덤 안에서 동반 죽음을 앞둔 라다메스와 아이다는 이승에서
의 작별을 고하고 천국에서 만날 것을 기약하는 이 최후의 2중창을
함께 부릅니다. 지상에서는 암네리스가 제단 앞에 꿇어앉아 사랑하
는 라다메스의 안식을 기원하며 오페라는 막을 내립니다.

아이다, 라다메스 : 오 대지여, 안녕(O terra, addio)

O terra, addio, addio,
오 대지여, 안녕, 안녕!

valle di pianti, sogno di gaudio che in dolor svanì…
눈물의 계곡, 고통 속에 사라진 기쁨의 꿈이여.

A noi si schiude, si schiude il ciel, si schiude il ciel,
우리에게 천국이, 천국이 열려있고,

e l'alme erranti volano al raggio dell'eterno dì.
방황하는 영혼은 영원한 날의 빛을 향해 날아가요.

O terra, addio, addio,
오 대지여, 안녕,

valle di pianti, sogno di gaudio che in dolor svanì.
눈물의 계곡, 고통 속에 사라진 기쁨의 꿈이여.

a noi si schiude il ciel… si schiude il ciel
천국이 우리에게 열렸어요… 천국이 열렸어요,

e l'alme erranti··· volano al raggio dell'eterno dì.
방황하는 영혼은 영원한 날의 빛을 향해 날아가요.

···il ciel······il ciel··· si schiude il ciel, si schiude il ciel!
천국이··· 천국이··· 천국이 우리에게 열렸어요!

O terra, addio, addio,
오 대지여, 안녕,

valle di pianti, sogno di gaudio che in dolor svanì···
눈물의 계곡, 고통 속에 사라진 기쁨의 꿈이여.

a noi si schiude il ciel··· si schiude il ciel
천국이 우리에게 열렸어요··· 천국이 열려있어요

e l'alme erranti··· volano al raggio dell'eterno dì.
방황하는 영혼은 영원한 날의 빛을 향해 날아가요.

il ciel··· si schiude il ciel, si schiude il ciel,
천국이··· 천국이 열려있어요, 천국이 열려있어요.

(암네리스)
Pace t'imploro···
안식이 있기를···

Pace t'imploro···
안식이 있기를···

pace, pace, pace!
안식, 안식, 평온한 안식이 있기를!

청아한 아이다(Celeste Aida)

라다메스가 이집트에 쳐들어온 에티오피아 군대를 진압할 토벌군의 대장이 된다면 전투에서 이기고 돌아와 아이다와의 사랑을 이루겠다는 각오를 다지는 곡

가까이 오거라(Vieni, o diletta, appressati)

라다메스를 사랑하는 암네리스가 아이다와 라다메스 사이를 의심하며 아이다의 의중을 살피고, 라다메스는 암네리스에게 아이다와의 관계가 드러나지 않기를 바라는 3중창

이기고 돌아오세요!(Ritorna vincitor!)

아이다가 에티오피아군 토벌대장이 되어 떠나는 라다메스를 전송하며, 조국에 대한 사랑과 연인에 대한 사랑 사이에서 번민하는 괴로운 심경을 토로하는 곡

전쟁의 운명이 네게 치명적이구나(Fu la sorte dell'armi a' tuoi funesta)

암네리스가 라다메스에 대한 아이다의 속마음을 알아보기 위해 그녀를 떠보고, 아이다도 라다메스를 사랑하는 마음을 당당하게 밝히는 2중창

이집트에 영광을(Gloria all'Egitto)

이집트 군대가 에티오피아 군을 물리치고 많은 전리품과 포로들을 이끌고 개선할 때, 이집트 국민들이 열렬히 환호하며 승전 용사들의 개선을 축하하는 합창곡(개선행진곡)

오 나의 고향이여(O patria mia)

아이다가 나일강 변에서 라다메스를 기다리는 동안, 두고 온 고국
에 대한 그리움과 이루어지기 어려운 사랑에 대한 괴로움을 노래
하는 곡

네게 심각한 일이 있구나(A te grave cagion m'adduce)

아모나스로가 딸 아이다에게 조국을 위해 라다메스가 이집트군을
이끌고 어느 길로 이동할지 알아내라고 하자, 아이다가 그를 배신
하기 어렵다는 심정을 노래하는 2중창

내가 싫어하는 라이벌이 도망갔네(L'aborrita rivale a me sfuggia)

암네리스가 라다메스에게 아이다를 영원히 포기하고 자신을 사랑
하면 사형을 면하게 해주겠다고 제안하지만, 라다메스가 이를 거절
하는 2중창

죽음! 정결하고 아름답지(Morir! sì pura e bella)

라다메스가 돌무덤 안에서 죽음을 기다리면서도 아이다를 걱정하
다가, 라다메스와 함께 죽으려고 먼저 돌무덤 안에 들어와 그를 기
다리고 있던 아이다를 발견하고 함께 부르는 2중창

오 대지여, 안녕(O terra, addio)

지하 돌무덤 안에서 동반 죽음을 앞둔 라다메스와 아이다가 이승에
작별을 고하고 천국에서 만날 것을 기약하는 최후의 2중창

08

—

오텔로
Otello

L'Essenza dell'opera di Giuseppe Verdi

개요

이 작품은 베르디가 영국의 문호 윌리엄 셰익스피어William Shakespeare의 4대 비극 중 하나인 오텔로Othello를 원작으로 만든 말년 걸작으로, 베르디의 25번째 오페라입니다.

대본은 시인이자 오페라 〈메피스토펠레Mefistofele〉를 작곡한 작곡가이기도 한 아리고 보이토Arrigo Boito가 썼는데, 그는 베르디가 셰익스피어의 작품에 심취해 있다는 걸 알고 오텔로 대본을 써서 베르디에게 보여주면서 협업을 간청했다고 합니다.

1887년 2월 밀라노에서 초연된 이 작품은 오텔로와 데스데모나의 사랑이 무너져 가는 과정을 중심으로, 당시 베네치아를 둘러싼 정치 정세, 흑인인 무어인에 대한 인종적 차별, 인간의 질투와 간계 등 무거운 원작의 연극적 요소를 음악적으로 승화시켰고, 주요 등장인물들의 심리 묘사, 특히 이아고의 심층적 묘사가 매우 뛰어나다는 평가를 받고 있습니다.

오텔로 초연일에는 관객들이 커튼콜을 통해 베르디를 여러 차례 무대 위로 불러내며 환호했고, 공연이 끝난 후에는 수많은 사람들이 베르디가 묵는 호텔까지 그를 따라가는 진풍경을 연출하기도 했다고 합니다.

베르디는 선배 작곡가인 죠아키노 롯시니가 약 70년 전(1816년) 〈오텔로〉라는 제목으로 이미 작품을 발표했기 때문에 처음엔 작품 제목을 오텔로가 아닌 이아고로 지을 생각을 했다고 합니다. 대선배에 대한 예우 차원이었을 수도 있겠지만, 그만큼 그가 이아고의 역할에 큰 비중을 두었다는 사실을 보여줍니다.

주요 등장인물

오텔로(사이프러스 총독, 테너)

데스데모나(오텔로의 부인, 소프라노)

이아고(오텔로의 기수, 바리톤)

캇시오(오텔로의 부관, 테너)

로데리고(베네치아의 귀족, 테너)

에밀리아(이아고의 부인, 메조소프라노)

몬타노(전 사이프러스 총독, 베이스)

시놉시스와 주요 아리아

제1막

15세기 말 베네치아 공화국 통치 하의 사이프러스 섬. 폭풍우와 험한 파도를 뚫고 튀르키예 함대를 무찌른 오텔로의 함대가 사이프러스 항구로 들어옵니다. 사람들이 환호하자, 오텔로는 부하들과 함께 군함에서 내린 후 이번 승리를 기뻐하라며 백성들과 함께 환호 속에 이 노래를 부릅니다.

오텔로, 백성들 : 기뻐하라(Esultate)

Esultate!
기뻐하라!

L'orgoglio musulmano sepolto è in mar;
이슬람의 자존심은 바다 깊이 묻혔고,

nostra e del ciel è gloria!
영광은 우리와 하늘의 것이네!

Dopo l'armi lo vinse l'uragano.
무기에 이어, 허리케인이 이슬람의 자존심을 무너뜨렸네.

(사이프러스 백성들)
Evviva Otello!
오텔로 총독 만세!

Evviva! evviva! evviva!
만세! 만세! 만세!

Vittoria! Vittoria!
승리! 승리!

Vittoria! Vittoria!
승리! 승리!

Stermino! Stermino!
파괴! 파괴!

Dispersi, distrutti, sepolti nell'orrido tumulto piombar!
흩어지고, 파괴되고, 끔찍한 소동 속에 깊이 떨어졌네!

Vittoria! Vittoria! Vittoria! Vittoria!
승리! 승리! 승리! 승리!

Stermino! Stermino!
파괴! 파괴!

Avranno per requie la sferza dei flutti, la ridda dei turbini,
l'abisso, l'abisso del mar.
몰아치는 파도, 소용돌이치는 회오리바람, 그리고 바다의 깊은 심
연이 그들의 진혼곡이 될 것이다.

Vittoria! Vittoria!
승리! 승리!

Dispersi, distrutti, tumulto piombar.
흩어지고, 파괴되고, 소동으로 깊이 떨어졌어!

Evviva!
만세!

　사람들이 모두 성 안으로 들어가고, 이아고는 자신이 연모하던 데
스데모나가 무어인인 오텔로와 결혼하자 상심한 로데리고를 위로
하면서, 사실 자기도 자신 대신 캇시오를 부관으로 임명한 오텔로에
게 감정이 있다면서 함께 복수하자고 뜻을 모읍니다.

　마침 캇시오가 다가오자, 두 사람은 그를 술에 만취하게 해서 곤
경에 빠뜨리기로 계략을 짜고, 당직 근무 때문에 술을 마시지 않겠
다는 캇시오에게 이 노래를 하면서 계속 술을 권합니다.

이아고, 로데리고, 캇시오 : 목을 축이세!(Inaffia l'ugola!)

(이아고)
Inaffia l'ugola!
목을 축이세!

Trinca, tracanna prima che svampino canto e bicchier!
쭉 들이켜, 노래와 잔이 사라지기 전에 꿀꺽꿀꺽 마시게!

(캇시오)
Questa del pampino verace manna di vaghe annugola nebbie
il pensier.
(이아고에게) 이 포도나무 잎이 내 생각을 안개처럼 흐리게 만드네.

(이아고)
Chi all'esca ha morso del ditirambo spavaldo e strambo,
(모두에게) 기이한 바쿠스 신의 송가에 굴복한 적이 있는 사람들은

beva con me, beva con me, beva, beva, beva con me!
나와 함께 마시세. 함께 마시세. 마시세, 함께 마시자구!

(전원)
Chi all'esca ha morso del ditirambo spavaldo e strambo,
기이한 바쿠스 신의 송가에 굴복한 적이 있는 사람들은

beve, beve, beve con te, beve con te!
당신과 함께 마시네요. 당신과 함께, 당신과 함께 마시네요!

(이아고)
Un altro sorso e brillo egli è.
(캇시오를 가리키며, 로데리고에게) 한 모금 더 마시면 그는 빛날
거야.

 (로데리고)
 Un altro sorso e brillo egli è.
(이아고에게) 한 모금 더 마시면 그는 빛날 거야.

(이아고)
Il mondo palpita quand'io son brillo!
술에 취하니 세상이 움직이네!

Sfido l'ironico Nume e il destin!
난 아이러니한 신성과 운명에 도전하노라!

(캇시오)
Come un armonico liuto oscillo;
(포도주를 더 마시며) 내가 좋은 소리를 내는 루트처럼 흔들리네.

la gioia scalpita sul mio cammin!
내 길에 기쁨이 가득하네!

(이아고)
Chi all'esca ha morso del ditirambo spavaldo e strambo,
기이한 바쿠스 신의 송가에 굴복한 적이 있는 사람들은

beva con me, beva con me, beva, beva, beva con me!
나와 함께 마시세. 함께 마시세. 마시세, 함께 마시자구!

(전원)
Chi all'esca ha morso del ditirambo spavaldo e strambo,
기이한 바쿠스 신의 송가에 굴복한 적이 있는 사람들은

beve, beve, beve con te, beve con te!
당신과 함께 마시네요. 당신과 함께, 당신과 함께 마시네요!

만취한 캇시오는 로데리고가 술주정뱅이라고 비아냥거리자, 화가
나서 그와 몸싸움을 벌입니다. 이때 지나가던 전 총독 몬타노가 이
들을 떼어놓으며 캇시오를 나무라자, 캇시오는 칼을 휘둘러 몬타노
에게 상처를 입힙니다.

이아고는 사람들에게 경보를 울려달라고 하고, 경보를 듣고 달려
온 오텔로가 현장을 목격합니다. 뒤이어 데스데모나도 현장에 나타
나는데, 캇시오의 행동에 화가 난 오텔로는 그를 현장에서 해임하
고 소란을 정리합니다.

사람들이 모두 집으로 돌아간 후, 단둘이 남은 오텔로와 데스데
모나는 처음 만났을 때를 회상하고 행복에 겨워하며 이 아름다운 2
중창을 부릅니다.

오텔로, 데스데모나 : 깊은 밤 모든 소란이 사라지니
(Già nella notte densa s'estingue ogni clamor)

(오텔로)

Già nella notte densa s'estingue ogni clamor,
깊은 밤 모든 소란이 사라지니,

già il mio cor fremebondo s'ammansa in quest'amplesso e si
rinsensa.
심란했던 내 마음은 당신 품에서 차분해지고 안정이 되는구려.

Tuoni la guerra e s'inabissi il mondo
전쟁이 벌어지고 세상이 무너져도 괜찮아요,

se dopo l'ira immensa vien quest'immenso amor!
커다란 분노 뒤에 한없는 사랑이 오기만 한다면!

(데스데모나)
Mio superbo guerrier!
저의 훌륭한 전사시여!

Quanti tormenti, quanti mesti sospiri, e quanta speme
얼마나 많은 고통, 얼마나 깊은 한숨, 그리고 얼마나 많은 희망이

ci condusse ai soavi abbracciamenti!
우리를 기쁜 만남으로 이끌었을까요!

Oh! com'è dolce il mormorare insieme!
오! 이렇게 함께 할 수 있다니 너무 좋아요!

Te ne rammenti?
기억나시죠?

Quando narravi l'esule tua vita e i fieri eventi e i lunghi tuoi
dolor,
당신이 유배 시절, 그리고 오랜 기간 고생했던 이야기를 해주실 때

ed io t'udia coll'anima rapita in quei spaventi, coll'estasi nel cor.
전 무서운 마음과 흥분 속에서 그 이야기를 들었죠.

(오텔로)
Pingea dell'armi il fremito, la pugna e il vol gagliardo alla
breccia mortal, l'assalto,
내가 전투, 칼, 맹렬한 공격 같은 이야기를 하곤 했었지.

orribil edera coll'ugna al baluardo e il sibilante stral!
요새에 있던 끔찍한 담장나무에 손톱으로 매달린 이야기, 쉭쉭 날아
다니던 화살 이야기도 했고.

(데스데모나)
Poi mi guidavi ai fulgidi deserti, all'arse arene, al tuo materno
suol;
당신은 눈부신 사막, 타들어 가는 모래, 당신의 고향에 대해서도 말
했어요,

narravi allor gli spasimi sofferti e le catene e dello schiavo il
duol.
또 당신이 고생했던 일, 쇠사슬에 묶인 노예의 고통에 대해서도 얘
기했어요.

(오텔로)
Ingentilia di lagrime la storia il tuo bel viso e il labbro di sospir;
내 이야기에 당신의 아름다운 얼굴은 눈물로 자욱했고, 당신의 입술은 탄식을 내쉬었지.

scendean sulle mie tenebre la gloria, il paradiso e gli astri a benedir!
내 어두운 가슴에 영광과 천국과 별이 내려와 날 축복해 주었고!

(데스데모나)
Ed io vedea fra le tue tempie oscure splender del genio l'eterea beltà.
저는 당신의 어두운 머리에서 빛나는 천상의 아름다움을 보았죠.

(오텔로)
E tu m'amavi per le mie sventure,
당신은 내가 겪은 위험들 때문에 날 사랑해 주었지,

ed io t'amavo per la tua pietà.
난 당신의 그런 마음 때문에 당신을 사랑했고.

(데스데모나)
Ed io t'amavo per le tue sventure,
저는 당신이 겪은 위험들 때문에 당신을 사랑했고,

e tu m'amavi per la mia pietà.
당신은 그런 제 마음 때문에 저를 사랑하셨지요.

(오텔로)
E tu m'amavi…
당신은 나를 사랑했고…

(데스데모나)
E tu m'amavi…
당신은 저를 사랑하셨지요…

(오텔로)
Ed io t'amavo… per la tua pietà.
난 당신을 사랑했소… 그런 당신의 마음 때문에.

(데스데모나)
……per la mia pietà.
저의 그런 마음 때문에.

(오텔로)
Venga la morte!
죽음이여 와라!

e mi colga nell'estasi di quest'amplesso il momento supremo!
내 사랑을 품에 황홀하게 안고 있는 지금이 최고의 순간이 되도록!

Tale è il gaudio dell'anima che temo,
이게 내가 두려워하는 영혼의 희열이요,

temo che più non mi sarà concesso
내게 더 이상 주어지지 않을까 두려운,

quest'attimo divino nell'ignoto avvenir del mio destino
내 운명의 알 수 없는 미래에 이런 신성한 순간이 더 이상 주어지지
않을까 두려운 희열 말이요.

Disperda il ciel gli affanni e amor non muti col mutar degli
anni.
하늘이 모든 근심을 쫓아내고 세월이 지나도 사랑은 변하지 않도
록 해주시기를.

(오텔로)
A questa tua preghiera "Amen" risponda la celeste schiera!
당신의 기도에 하늘이 "아멘"이라고 답해주시길!

(데스데모나)
"Amen" risponda!
"아멘"이라고 답해주시길!

(오텔로)
Ah! la gioia m'innonda si fieramente……che ansante mi
giacio……
아! 기쁨이 내게 맹렬히 밀려들어 숨이 다 차네…

Un bacio……
키스해주오…

(데스데모나)
Otello!
오텔로!

(오텔로)
… un bacio……ancora un bacio!
…키스해줘요…한 번 더!

Già la pleiade ardente al mar discende.
불타는 별무리들도 이제 바다 속으로 사라지네.

(데스데모나)
Tarda è la notte.
밤이 늦었어요.

(오텔로)
Vien……Venere splende!
이리 와요… 저기 금성이 빛나는구려!

(데스데모나)
Otello!
오텔로!

제2막

이아고는 부관직에서 해임되어 상심한 캇시오에게 다가가 복직을
하려면 데스데모나에게 부탁을 하는 게 상책이라고 슬쩍 귀띔합니
다. 이 말을 들은 캇시오는 그의 조언대로 데스데모나를 만나기 위

해 자리를 뜨는데, 이아고는 캇시오의 뒷모습을 바라보며 자신은 잔
인한 신을 믿는다며 이 아리아를 노래합니다.

이아고 : 난 잔인한 신을 믿지(Credo in un Dio crudele)

Credo in un Dio crudel
난 잔인한 신을 믿지

che m'ha creato simile a sè, e che nell'ira io nomo.
자신처럼 생긴 나를 창조하신 분, 분노 속에 내가 이름을 붙인 바로
그분 말이야.

Dalla viltà d'un germe o d'un atòmo vile son nato.
난 사악한 씨에서 태어났어.

Son scellerato perché son uomo;
난 인간이니까 사악하지.

e sento il fango originario in me.
그리고 내 안에 있는 태초의 악을 느끼지.

Sì! quest'è la mia fè!
그래, 이게 내 믿음이야!

Credo con fermo cuor,
난 확실히 믿지,

siccome crede la vedovella al tempio,
과부가 성전을 믿는 것처럼,

che il mal ch'io penso che da me procede
내가 악이라고 믿는 것들, 그리고 내게서 나오는 것들은

per il mio destino adempio.
운명이 내게 준 것들이라고 믿지.

Credo che il guisto è un istrion beffardo
난 정직한 자들이란 엉터리 배우들이고,

e nel viso e nel cuor, che tutto è in lui bugiardo:
겉이든 속이든, 모든 게 거짓이라고 생각해.

lagrima, bacio, sguardo, sacrificio ed onor.
그들의 눈물, 입맞춤, 시선, 희생, 그리고 명예도.

E credo l'uom gioco d'iniqua sorte
인간이란 불공평한 운명의 장난감이라고 생각해.

dal germe della culla al verme dell'avel.
태어나서 죽을 때까지 말이야.

Vien dopo tanta irrision la Morte.
그런 헛고생 후에는 죽음이 찾아오지.

E poi?… e poi?
그러면? 그러고 나면?

La morte è' il nulla.
죽으면 아무것도 없는 거야.

È vecchia fola il ciel.
천국이란 오래된 동화일 뿐이지.

캇시오가 데스데모나를 만나고 있는 것을 본 이아고는 오텔로가 이 장면을 목격하기를 바라는데, 마침 오텔로가 다가오자 못 본 척 하며 "저러면 안 되는데…"라고 혼잣말을 중얼거립니다. 오텔로는 멀리 보이는 사람이 캇시오 같다고 하면서 이아고가 중얼거린 말이 무슨 뜻이냐고 묻자, 이아고는 질투심을 조심하라면서 데스데모나를 잘 살펴보라고 말합니다.

잠시 후 데스데모나가 오텔로의 집무실로 찾아와 캇시오에 대한 선처를 요청합니다. 그러나, 이아고로부터 들은 말이 마음에 걸린 오텔로는 지금은 안 된다고 거절합니다. 그러면서 머리가 아프다고 하는데, 데스데모나는 손수건으로 머리를 동여매면 괜찮아질 거라면서 그녀의 손수건으로 오텔로의 머리를 동여매려 합니다.

그러나, 데스데모나와 캇시오의 관계를 의심한 오텔로는 그녀의 손수건을 바닥에 내던져버립니다. 데스데모나의 하녀인 에밀리아가 손수건을 집어 들자, 에밀리아의 남편인 이아고가 손수건을 재빨리 채가면서 아무에게도 말하지 말라고 합니다.

데스데모나와 에밀리아가 사무실을 떠난 후 데스데모나에 대한 의심이 더 커진 오텔로는 이제 자신의 좋은 시절과 영광이 다 사라져 버렸다며 이 아리아를 노래합니다.

오텔로 : 이제 영원히 안녕(Ora e per sempre addio)

Ed ora!··· ed ora······
이제!··· 이제···

Ora e per sempre addio, sante memorie,
거룩한 추억들이여, 이제 영원히 안녕,

addio, sublimi incanti del pensier!
가슴 벅찬 생각의 마법들이여, 안녕!

Addio schiere fulgenti,
훌륭한 군대여, 안녕,

addio vittorie, dardi volanti e volanti corsier!
승리와 하늘을 날던 화살과 포탄들도, 안녕!

Addio, vessillo trionfale e pio e diane squillanti in sul mattin!
승리의 군기와 깃발, 아침의 기상나팔 소리도, 안녕!

Clamori e canti di battaglia, addio!
싸움과 전투의 노래들도, 안녕!

Della gloria d'Otello è questo il fin!
오텔로의 영광은 이제 끝났구나!

  질투심이 커진 오텔로는 이아고의 멱살을 잡고 데스데모나의 부정을 보여주는 확실한 증거를 대라고 다그칩니다. 그러자 이아고는 뚜렷한 증거는 없지만, 캇시오가 최근 데스데모나와 사랑을 속삭이는 잠꼬대를 했으며, 꽃무늬가 새겨진 그녀의 손수건을 가지고 있는 것을 보았다고 거짓말을 합니다.

오텔로는 꽃무늬 손수건은 자신이 데스데모나에게 사랑의 증표로 준 것이라고 하면서, 이아고와 함께 복수를 기약하는 이 2중창을 부릅니다.

오텔로, 이아고 : 이제 하늘에 맹세하노라
(Sì, pel ciel marmoreo giuro!)

(오텔로)
Sì, pel ciel marmoreo giuro!
이제, 하늘에!

Per le attorte folgori!
뒤틀린 번개에!

Per la Morte e per l'oscuro mar sterminator!
죽음에, 그리고 멸망의 어두운 바다 앞에 맹세하노라!

D'ira e d'impeto tremendo presto fia che sfolgori
머지않아 분노와 격정이 섬광처럼 폭발할 거야

questa man ch'io levo e stendo!
(손을 치켜들며) 내뻗은 이 손으로부터 말이야!

(이아고)
Non v'alzate ancor!
그냥 앉아 계십시오!

Testimon è il Sol ch'io miro,
제가 보고 있는 태양이 증인입니다,

che m'irradia e innanima l'ampia terra e il vasto spiro del
Creato inter,
저를 밝게 비주고, 광활한 대지와 온 우주의 모든 영혼에 생명을 불
어넣는 바로 그 태양이.

che ad Otello io sacro ardenti, core, braccio ed anima
오텔로 총독님을 위해 제 불타는 가슴과 손과 영혼을 바치겠습니다,

s'anco ad opere cruenti s'armi il suo voler!
설령 총독님의 뜻이 피비린내 나는 일이 된다고 하더라도!

(오텔로, 이아고)
Sì, pel ciel marmoreo giuro!
(하늘을 향해 손을 들고) 이제, 하늘에!

Per le attorte folgori!
뒤틀린 번개에!

Per la Morte e per l'oscuro mar sterminator!
죽음에, 그리고 멸망의 어두운 바다 앞에 맹세하노라!

D'ira e d'impeto tremendo presto fia che sfolgori
분노와 격정이 곧 섬광처럼 폭발할 거야

questa man ch'io levo e stendo!
내뻗은 이 손으로부터!

Dio vendicator!
복수의 신이시여!

제3막

이아고는 오텔로에게 곧 캇시오를 이곳으로 데려와 이야기를 나눌 테니 뒤에서 몰래 그를 지켜보라고 하고 자리를 뜹니다. 잠시 후 데스데모나가 들어오는데 그녀가 또 캇시오 이야기를 꺼내자, 오텔로는 머리가 아프다며 그녀의 손수건으로 머리를 동여매달라고 부탁합니다.

데스데모나가 손수건을 꺼내자, 오텔로는 이 손수건 말고 자신이 선물한 꽃무늬 손수건으로 동여매달라고 합니다. 데스데모나가 지금은 그 손수건을 가지고 있지 않다고 하자, 당장 가져오라고 화를 냅니다. 데스데모나는 자신이 캇시오 이야기를 한 이후 오텔로가 좀 이상해진 것 같다면서, 캇시오는 좋은 사람이니 그를 용서해달라고 다시 한번 말합니다. 화가 난 오텔로는 데스데모나가 부정을 저질렀다고 비난하며, 지옥에 가라는 험담과 함께 그녀를 쫓아버립니다.

데스데모나가 떠난 후 혼자 남은 오텔로는 절망감을 느끼며 처절하게 이 아리아를 부릅니다.

오텔로 : 신이시여! 제게 모든 불행을 퍼부을 수 있었지요
(Dio! mi potevi scagliar)

Dio!
신이시여.

mi potevi scagliar tutti i mali della miseria, della vergogna,
당신은 제게 고통스럽고 부끄러운 모든 불행을 퍼부을 수 있었지요,

far de' miei baldi trofei trionfali una maceria, una
menzogna……
제 승리의 전리품들을 거짓말로 만들 수 있는…,

e avrei portato la croce crudel d'angoscie e d'onte con calma
그러면 전 조용히 고통과 수치라는 잔인한 십자가를 메고

fronte e rassegnato al volere del ciel.
하늘의 뜻에 따랐을 것입니다.

Ma, o pianto, o duol!
하지만, 오 눈물, 오 고통!

m'han rapito il miraggio dov'io, giulivo, l'anima acqueto.
당신은 저를 기쁘게 했던 꿈을 빼앗아 갔습니다.

Spento è quel sol, quel sorriso, quel raggio che mi fa vivo, che
mi fa lieto!
제게 생명과 행복을 주던 태양과 미소와 빛이 꺼져버렸습니다.

Spento è quel sol, quel sorriso, quel raggio che mi fa vivo, che
mi fa lieto!
제게 생명과 행복을 주던 태양과 미소와 빛이 꺼져버렸어요.

Tu alfin, Clemenza, pio genio immortal dal roseo riso,
자비여, 장밋빛 미소를 머금은 불멸의 천사여,

copri il tuo viso santo coll'orrida larva infernal!
거룩한 당신의 얼굴을 끔찍한 지옥의 가면으로 가리고 있네요!

Ah! Dannazione!
아! 천벌을 받아라!

Pria confessi il delitto e poscia muoia!
먼저 죄를 자백하게 한 후에 죽게 하리라!

Confession! Confession!
자백! 자백을!

　이때 이아고가 캇시오와 함께 돌아와 오텔로가 두 사람을 볼 수 있는 곳에서 일부러 캇시오의 정부인 비앙카 이야기를 꺼냅니다. 비앙카 이야기에 캇시오가 웃음을 보이자, 멀리서 이들을 바라보는 오텔로의 의심은 더욱 커집니다. 캇시오는 자기 집에 떨어져 있었다며 이아고가 미리 챙겨두었던 데스데모나의 손수건을 이아고에게 보여주고, 이아고는 오텔로가 손수건을 보도록 일부러 흔들어 보입니다. 캇시오가 다시 손수건을 가져가자, 오텔로는 확실한 불륜의 증거라며 분노합니다.

캇시오가 떠난 후 극도로 화가 난 오텔로는 이아고에게 어떻게 데스테모나를 죽여야 할지 묻는데, 이아고는 그녀가 부정을 저지른 바로 그 침대에서 목 졸라 죽이는 게 좋겠다고 말합니다.

잠시 후 베네치아에서 온 사절단이 도착합니다. 대사는 오텔로를 베네치아로 소환하며 후임 총독으로 캇시오를 임명한다는 명령서를 전달합니다. 인사명령서를 듣고 데스테모나가 울음을 보이자, 오텔로는 그녀가 캇시오와 헤어지는 게 싫어서 우는 거라고 오해하고, 그녀를 밀쳐 쓰러뜨립니다.

데스테모나가 마음이 상한 채 자리를 떠난 후, 분노한 오텔로가 손수건이라고 외치더니 그 자리에서 실신하자, 이아고는 회심의 미소를 짓습니다.

제4막

오텔로의 계속된 의심에 큰 마음의 상처를 입고 침실로 돌아온 데스테모나는 에밀리아에게 이부자리를 준비하라고 하고는, 어릴 때 자기 어머니의 시녀였던 바르바라가 사랑하는 남자로부터 버림받은 후 읊조리던 노래라면서 에밀리아에게 이 아리아(버들의 노래)를 들려줍니다.

데스테모나 : 외로운 들에서 노래를 부르며 울었지
(Piangea cantando nell'erma landa)

"Piangea cantando nell'erma landa,
"그녀는 외로운 들에서 노래를 부르며 울었지,

piangea la mesta.
불쌍한 소녀가 울었어,

O Salce! Salce! Salce!
오, 버들아! 버들아! 버들아!

Sedea chinando sul sen la testa,
그녀는 가슴에 머리를 숙이고 앉았어,

Salce! Salce! Salce!
버들아! 버들아! 버들아!

Cantiamo! Cantiamo!
노래 부르자! 노래 부르자!

Il salce funebre sarà la mia ghirlanda."
그 장례식 버드나무가 내 꽃장식이 될 거야”

Affrettati, fra poco giunge Otello.
(에밀리아에게) 서둘러, 곧 오텔로가 올 거야.

"Scorreano i rivi fra le zolle in fior,
“꽃핀 제방을 따라 맑은 시냇물이 흐르고,

gemea quel core affranto,
그녀는 슬픔에 흐느꼈어,

e dalle ciglia le sgorgava il cor l'amara onda del pianto.
쏟아지는 쓴 눈물로 그녀의 불쌍한 마음은 위안을 삼았어.

Salce! Salce! Salce!
버들아! 버들아! 버들아!

Cantiamo! Cantiamo!
노래 부르자! 노래 부르자!

Il salce funebre sarà la mia ghirlanda.
그 장례식 버드나무가 내 꽃장식이 될 거야.

Scendean l'augelli a vol dai rami cupi verso quel dolce canto.
숲속의 나뭇가지에서 새들이 내려와 아름다운 노래를 하네.

E gli occhi suoi piangean tanto, tanto, da impietosir le rupi"
그녀의 눈은 너무 많이 울어서 바위를 불쌍하게 만들 정도였어”

Riponi quest'anello.
(반지를 뽑아서 에밀리아에게 주며) 이 반지를 받아둬.

Povera Barbara!
불쌍한 바르바라!

Solea la storia con questo semplice suono finir.
이 이야기는 이런 간결한 말로 끝나지.

"Egli era nato per la sua gloria, io per amar…"
"그는 영광을 위해, 나는 사랑을 위해 태어났어…" 라는.

Ascolta. Odo un lamento.
(에밀리아에게) 들어 봐. 누가 울고 있는데.

Taci…Chi batte a quella porta?
조용히… 누가 문을 두드리는데?

(에밀리아)
È il vento.
바람이네요.

(데스데모나)
"Io per amarlo e per morir.
"그를 사랑하고 죽어가네.

Cantiamo! Cantaimo!
노래 부르자! 노래 부르자!

Salce! Salce! Salce!"
버들아! 버들아! 버들아!

　잠시 후 에밀리아가 침실에서 나가자, 혼자 남은 데스데모나는 잠자리에 들기 전 무릎을 꿇고 기도대 위에 걸린 성모 마리아상을 바라보며 낭송풍의 이 곡을 부릅니다.

데스데모나 : 아베 마리아(Ave Maria)

Ave Maria,
성모님,

piena di grazia, eletta fra le spose e le vergini sei tu,
당신은 은총으로 가득하고, 모든 여성 중 선택받은 분이시지요.

sia benedetto il frutto, o Benedetta, di tue materne viscere,
Gesù.
당신으로부터 태어나신 예수께 축복을!

Prega per chi, adorando a te, si prostra,
무릎을 꿇은 채 당신을 숭배하는 이들을 위해 기도해 주세요.

prega pel peccator, per l'innocente,
죄 지은 이들과 죄 없는 이들,

e pel debole oppresso e pel possente,
억압받는 약자들과 강한 자들,

misero anch'esso, tua pietà dimostra.
비참한 이들에게도 당신의 자비를 베풀어 주세요.

Prega per chi sotto l'oltraggio piega la fronte e sotto la malvagia
sorte;
억울함과 잔인한 운명에 시달리는 이들을 위해 기도해 주세요.

per noi, per noi tu prega,
저희를 위해, 저희를 위해 기도해 주세요.

prega sempre e nell'ora della morte nostra,
항상, 그리고 우리 죽음의 시간에 기도해 주세요.

prega per noi, prega per noi, prega!
저희를 위해, 저희를 위해 기도해 주세요.

Ave Maria⋯ nell'ora della morte
성모님, 이 죽음의 시간에,

Ave⋯ Amen!
성모님⋯. 아멘!

데스데모나가 침대로 올라가 눕자 잠시 후 오텔로가 나타납니다. 오텔로는 그녀에게 세 번 입을 맞추고는 죽기 전에 모든 죄에 대해 용서를 빌라고 말합니다. 깜짝 놀란 데스데모나가 무슨 말이냐고 묻자, 오텔로는 그녀가 캇시오를 사랑해 그녀의 손수건을 그에게 주었다며 빨리 자백하라고 몰아붙입니다. 데스데모나는 오해라며 결백을 주장하지만, 이미 이성을 잃은 오텔로는 살려달라는 데스데모나의 애원을 무시하고 그녀의 목을 조릅니다.

그때 침실 밖에서 에밀리아가 문을 두드리며 빨리 문을 열어달라고 외칩니다. 오텔로가 문을 열자, 에밀리아는 캇시오가 로데리고를 죽였다고 보고합니다. 침대 위 데스데모나의 신음소리를 들은 에밀리아는 급히 그녀에게 달려가 누가 이렇게 했느냐고 묻는데, 데스데모나는 자신이 그랬다고 하면서 자신은 결백하다는 말을 남기고 숨을 거둡니다.

오텔로는 자신이 죽였다면서, 데스데모나는 캇시오의 애인이었다고 말합니다. 에밀리아는 믿기지 않는다는 표정으로 밖으로 뛰쳐나가 오텔로가 데스데모나를 죽였다고 외치자, 사람들이 모두 몰려옵니다. 에밀리아는 남편 이아고가 자신이 가지고 있던 데스데모나의 손수건을 가지고 갔다고 폭로하고, 캇시오도 그 손수건을 자기 집에서 발견했다고 거듭니다. 몬타노도 로데리고가 죽기 전 자신에게 이아고의 음흉한 계략을 모두 털어놓았다고 밝힙니다.

어떻게 된 일이냐는 오텔로의 채근에 이아고는 도망가 버립니다. 이제야 이 모든 일이 이아고의 흉계였음을 알게 된 오텔로는 커다란 자책감 속에 이 아리아를 부르며 숨겨두었던 단검으로 스스로 가슴을 찌르고, 데스데모나에게 마지막 입맞춤을 한 뒤 숨을 거둡니다.

오텔로 : 날 두려워 마라(Niun mi tema)

Niun mi tema s'anco armato mi vede.
무기를 든 내 모습을 보게 되더라도 날 두려워 마라.

Ecco la fine del mio cammin.
여기가 내 인생의 끝이구나.

Oh! Gloria! Otello fu.
오! 영광이여! 오텔로의 날은 끝났어.

E tu……come sei pallida!
당신… 이렇게 창백해졌네!

e stanca, e muta, e bella, pia creatura,
지치고, 말 없고, 아름답고, 신실했던 사람,

nata sotto maligna stella.
나쁜 별자리를 타고 태어났어.

Fredda come la casta tua vita, e in cielo assorta.
당신의 순결한 삶처럼 차갑게 식어 이젠 하늘로 올라가는구려.

Desdemona! Desdemona!
데스데모나! 데스데모나!

Ah!……morta! morta! morta!
아! … 그녀가 죽었구나! 죽었어! 죽었어!

Ho un'arma ancor!
(단검으로 자신을 찌르며) 난 아직 무기가 하나 더 있어.

Pria d'ucciderti……sposa……ti baciai.
여보… 당신을 죽이기 전에… 당신에게 입을 맞추었지.

Or morendo……nell'ombra in cui mi giacio……
이제 나도 죽어가면서… 내가 누웠던 어둠 속에서…

un bacio……un bacio ancora……
키스를… 한 번 더 키스를…

ah!……un altro bacio……

아!… 한 번 더 키스를….

기뻐하라(Esultate)

오텔로가 튀르키예 함대를 무찌르고 개선하면서, 군함에서 내려 백성들과 승리를 기뻐하며 함께 부르는 곡

목을 축이세!(Inaffia l'ugola!)

이아고와 로데리고가 오텔로의 부관으로 임명된 캇시오를 술에 만취하게 해 곤경에 빠뜨리기로 계략을 짜고, 캇시오에게 계속 술을 권하는 곡

깊은 밤 모든 소란이 사라지니(Già nella notte densa s'estingue ogni clamor)

이아고의 모략으로 오텔로가 캇시오를 해임한 후 심란해 하고 있을 때, 데스데모나가 오텔로에게 다가와 그를 위로하며 부르는 2중창

난 잔인한 신을 믿지(Credo in un Dio crudele)

이아고가 자신 안에 있는 인간의 추악함을 느끼며 잔인한 신을 믿는다는 그의 신념을 드러내는 곡

이제 영원히 안녕(Ora e per sempre addio)

데스데모나에 대한 의심이 커진 오텔로가 자신의 좋은 시절과 영광이 이제 모두 사라져 버렸다고 한탄하며 부르는 곡

이제 하늘에 맹세하노라(Sì, pel ciel marmoreo giuro!)

이아고가 데스데모나의 손수건을 캇시오가 가지고 있다고 알리자, 오텔로가 분노하면서 이아고와 함께 부르는 복수의 2중창

신이시여! 제게 모든 불행을 퍼부을 수 있었지요(Dio! mi potevi scagliar)

오텔로가 캇시오를 용서해달라고 재차 부탁하는 데스데모나를 쫓아버린 후, 홀로 절망감 속에 처절하게 부르는 곡

외로운 들에서 노래를 부르며 울었지(Piangea cantando nell'erma landa)

오텔로의 계속된 의심으로 마음의 상처를 입은 데스데모나가 시녀인 에밀리아에게 자기 어머니의 시녀가 사랑하는 남자에게 버림받은 후 읊조리던 민요라며 들려주는 곡(버들의 노래)

아베 마리아(Ave Maria)

데스데모나가 잠자리에 들기 전 기도대 위에 걸려있는 성모 마리아 상을 바라보며 부르는 낭송풍의 곡

날 두려워 마라(Niun mi tema)

오텔로가 데스데모나의 애원에도 불구하고 그녀를 목 졸라 죽인 후 뒤늦게 이 모든 것이 이아고의 계략이었음을 알고 상심해, 단검으로 자결하며 부르는 곡

리골렛토(Rigoletto)

- 공작 : 이 여자든 저 여자든(Questa o quella)
- 리골렛토 : 우리는 같은 부류의 인간이구나(Pari siamo)
- 질다 : 소중한 이름(Caro nome)
- 공작 : 그녀가 납치당했네(Ella mi fu rapita)
- 리골렛토 : 이 천벌 받을 놈들아(Cortigiani, vil razza dannata)
- 공작 : 여자의 마음(La donna è mobile)
- 공작, 맛달레나, 리골렛토, 질다 : 아름답고 사랑스런 아가씨(Bella figlia dell'amore)
- 리골렛토, 질다 : 이건 누구야, 누가 그놈 대신 여기 있는 거야(Chi è mai, chi è qui in sua vece)

일 트로바토레(Il Trovatore)

- 레오노라 : 평온하고 아름다운 밤이었어(Tacea la notte placida e bella)
- 레오노라 : 말로 다 표현할 수 없는 사랑(Di tale amor che dirsi)
- 집시 : 보라! 어두운 밤은 지나가고(Vedi! Le fosche notturne spoglie)

◦ 아주체나 : 불길이 활활 타올랐어(Stride la vampa)

◦ 루나 : 그대 미소는 아름답고(Il balen del suo sorriso)

◦ 만리코 : 아, 사랑스런 그대(Ah! Sì, ben mio)

◦ 만리코 : 타오르는 저 불꽃(Di quella pira l'orrendo foco)

◦ 레오노라 : 사랑의 장밋빛 날개를 타고(D'amor sull'ali rosee)

◦ 레오노라 : 제 사랑을 알게 될 거예요(Tu vedrai che amore in terra)

◦ 레오노라, 루나 : 제 괴로운 눈물을 보세요(Mira, di acerbe lagrime)

라 트라비아타(La Traviata)

◦ 알프레도, 비올렛타 : 축배의 노래(Libiamo)

◦ 알프레도, 비올렛타 : 빛나고 행복했던 날(Un dì felice, eterea)

◦ 비올렛타 : 이상하다, 이상해(È strano, è strano)

◦ 비올렛타 : 언제나 자유롭게(Sempre libera)

◦ 알프레도 : 그녀에게서 멀어지면(Lunge da lei per me)

◦ 조르쥬 : 내겐 천사 같은 딸이 있다네(Pura siccome un angelo)

◦ 조르쥬 : 프로방스의 바다와 육지(Di Provenza il mar il suol)

◦ 비올렛타 : 지난 날이여, 안녕(Addio del passato)

◦ 알프레도, 비올렛타 : 파리를 떠나서(Parigi, o cara, noi lasceremo)

가면무도회(Un Ballo in Maschera)

- 구스타보 : 황홀한 마음으로 그녀를 다시 보겠구나(La rivedrà nell'estasi)
- 레나토 : 전하께 미소짓는 삶은(Alla vita che t'arride)
- 오스카르 : 그녀가 별을 바라볼 때면(Volta la terrea fronte le stelle)
- 울리카 : 어둠의 왕이시여(Re dell'abisso)
- 구스타보 : 순한 파도가 날 기다리고 있는지 말해주오(Di' tu se fedele)
- 아멜리아 : 메마른 가지에서(Ma dall'arido stelo)
- 구스타보, 아멜리아 : 내가 그대 곁에 있소(Teco io sto)
- 아멜리아 : 죽을게요, 하지만 먼저 소원이 있어요(Morrò, ma prima in grazia)
- 레나토 : 너였구나, 그녀의 영혼을 더럽힌 자가(Eri tu che macchiavi quell'anima)
- 구스타보 : 당신을 떠나보내야 하더라도(Ma se m'è forza perderti)
- 오스카르 : 전하께서 어떤 복장인지 알고 싶으시군요(Saper vorreste di che si veste)
- 구스타보 : 그녀는 결백하네, 자네에게 죽음으로 맹세하지(Ella è pura, in braccio a morte te lo giuro)

운명의 힘(La Forza del Destino)

◦ 레오노라 : 난 유랑자이자 고아가 되어(Me, pellegrina ed orfana)
◦ 프레지오실라 : 북 소리에(Al suon del tamburo)
◦ 카를로 : 내 이름은 페레다요(Son Pereda, son ricco d'onore)
◦ 레오노라 : 거룩하신 성모님(Madre, Madre, pietosa, Vergine)
◦ 알바로 : 불행한 이에게는 삶이 지옥이지(La vita è inferno all'infelice)
◦ 알바로, 카를로 : 이 엄숙한 시간에 (Solenne in quest'ora)
◦ 카를로 : 운명의 상자여(Urna fatale del mio destino)
◦ 프레지오실라 및 합창 : 라타플란(Rataplan)
◦ 레오노라 : 신이여, 평안을 주소서(Pace, pace, mio Dio)
◦ 과르디아노, 레오노라, 알바로 : 저주하지 마십시오(Non imprecare)

돈 카를로(Don Carlo)

◦ 카를로 : 그녀를 잃어버렸네(Io l'ho perduta)
◦ 카를로, 로드리고 : 신이여, 저희 영혼을 채워주소서(Dio, che nell'alma infondere)
◦ 에볼리 : 사라센궁의 아름다운 정원에서(Nei giardin del bello saracin ostello)

◦ 카를로, 엘리사벳타 : 왕비께 부탁하러 왔습니다(Io vengo a domandar)

◦ 엘리사벳타 : 울지 마요, 내 벗이여(Non piange, mia compagna)

◦ 카를로, 에볼리 : 아름다운 그대(Sei tu, sei tu, bell'adorata)

◦ 필리포 : 그녀는 결코 날 사랑하지 않았어(Ella giammai m'amò)

◦ 에볼리 : 오 가혹한 선물(O don fatale)

◦ 로드리고 : 내게 마지막 날이 왔네(Per me giunto è il dì supremo)

◦ 로드리고 : 오 카를로, 들어봐(O Carlo, ascolta)

◦ 엘리사벳타 : 세상의 허무함을 아는 당신은(Tu che le vanità conosceti del mondo)

아이다(Aida)

◦ 라다메스 : 청아한 아이다(Celeste Aida)

◦ 암네리스, 아이다, 라다메스 : 가까이 오거라(Vieni, o diletta, appressati)

◦ 아이다 : 이기고 돌아오세요(Ritorna vincitor!)

◦ 암네리스, 아이다 : 전쟁의 운명이 네게 치명적이구나(Fu la sorte dell'armi a' tuoi funesta)

◦ 군중, 사제 : 이집트에 영광을(Gloria all'Egitto)

◦ 아이다 : 오 나의 고향이여(O patria mia)

◦ 아모나스로, 아이다 : 네게 심각한 일이 있구나(A te grave cagion m'adduce)

∘ 암네리스, 라다메스 : 내가 싫어하는 라이벌이 도망갔네
   (L'aborrita rivale a me sfuggia)
∘ 라다메스, 아이다 : 죽음! 정결하고 아름답지(Morir! sì pura e
   bella)
∘ 아이다, 라다메스 : 오 대지여, 안녕(O terra, addio)

오텔로(Otello)

∘ 오텔로, 백성들 : 기뻐하라(Esultate)
∘ 이아고, 로데리고, 캇시오 : 목을 축이세!(Inaffia l'ugola!)
∘ 오텔로, 데스데모나 : 깊은 밤 모든 소란이 사라지니(Già nella
   notte densa s'estingue ogni clamor)
∘ 이아고 : 난 잔인한 신을 믿지(Credo in un Dio crudele)
∘ 오텔로 : 이제 영원히 안녕(Ora e per sempre addio)
∘ 오텔로, 이아고 : 이제 하늘에 맹세하노라(Sì, pel ciel marmoreo
   giuro!)
∘ 오텔로 : 신이시여! 제게 모든 불행을 퍼부을 수 있었지요(Dio! mi
   potevi scagliar)
∘ 데스데모나 : 외로운 들에서 노래를 부르며 울었지(Piangea
   cantando nell'erma landa)
∘ 데스데모나 : 아베 마리아(Ave Maria)
∘ 오텔로 : 날 두려워 마라(Niun mi tema)

손에 잡히는 아리아 : 베르디 엣센짜

초판 1쇄　　2025년 7월 9일

지은이　　　박상훈

펴낸곳　　　문학여행
발행인　　　고민정
주소　　　　서울특별시 서대문구 연희로37길 77-13 402호
홈페이지　　www.bookjour.com
이메일　　　contact@bookjour.com
전화　　　　1600-2591
팩스　　　　0507-517-0001
원고투고　　edit@bookjour.com
출판등록　　제2021-000020호

ISBN　　　　979-11-88022-61-8 (03670)

Copyright 2025 박상훈, 문학여행 All rights reserved.